拼多多
直播带货

文刀刘　徐颖建 / 著

SPM 南方出版传媒

广东科技出版社 | 全国优秀出版社

·广州·

图书在版编目（CIP）数据

拼多多直播带货 / 文刀刘，徐颖建著. —广州：广东科技出版社，2020.11
　　ISBN 978-7-5359-7592-8

　　Ⅰ. ①拼… 　Ⅱ. ①文… ②徐… 　Ⅲ. ①网络营销 Ⅳ. ①F713.365.2

中国版本图书馆CIP数据核字（2020）第214983号

拼多多直播带货
Pinduoduo Zhibo Daihuo

出　版　人：朱文清
项目统筹：颜展敏
责任编辑：高　玲　彭秀清
装帧设计：友间设计
责任校对：陈　静
责任印制：彭海波
出版发行：广东科技出版社
　　　　　（广州市环市东路水荫路11号　邮政编码：510075）
销售热线：020-37592148 / 37607413
http：//www.gdstp.com.cn
E-mail：gdkjcbszhb@nfcb.com.cn
经　　销：广东新华发行集团股份有限公司
印　　刷：广州市彩源印刷有限公司
　　　　　（广州市黄埔区百合三路8号201栋　邮政编码：510700）
规　　格：889mm×1 194mm　1/32　印张8.875　字数215千
版　　次：2020年11月第1版
　　　　　2020年11月第1次印刷
定　　价：49.80元

顾 问

陈 欢 赵晓静 盛添财 易 昵

专家推荐

　　电商平台新贵拼多多近年来获得持续高增长，引起全社会的高度关注。本书的作者是我投资的一家互联网公司的创始人，有着十几年的品牌和互联网平台运营操盘经验，疫情以来已编著了热门书籍《快手卖货必读手册》。《拼多多直播带货》是他们的第二本书，本书基于拼多多电商生态的特点，从社交、供应链、主播几个核心点展开讲述，是一本不可多得的电商扫盲书籍，零基础也可通过学习本书玩转拼多多直播。我希望通过我的推荐，能让更多拼多多平台的创业者在商业化之路上少踩坑，少走弯路，快速变现，收获更大价值！

——吴世春　梅花创投创始人

　　本书所讲的拼多多直播是社交关系、私域流量、用户画像、供应链等势能聚合下的产物。市面上关于拼多多的书主要集中于运营、营销方面，这不足以帮助更多人踩中风口，捕捉红利。本书重点解析拼多多社交电商的本质，从生态角度理解直播这个风口，以新零售的视角解读直播电商。

——陈晓华　5G+人才培养工程办公室领导小组组长

　　2020年年初，一场突如其来的疫情为线下活动按下了暂停键，且在"宅经济"的催化下，网络直播成为全民级爆发热点。直播因强互动性和高转化率等优势，成为当下企业开源节流、业务拓展、数字化转型的共同选择。此书深入浅出地探讨了直播这一领域需要的交叉学科建设的应用痛点，真正助力网络直播的健康发展！这是一本与时俱进、适应市场发展的好书，值得我们品读。

——向雪　原中央电视台财经电视节目主持人、制片人

　　正如本书作者所说，不同平台对直播电商的赋能各有不同，分别是有货、有内容、有社交。比如淘宝、京东主打"有货"，抖音、快手主打"有内容"，微信主打"社交"，唯有拼多多主打"有货"和"社交"。这本书可视为第一本系统研究拼多多电商直播的商业逻辑和方法论的书籍。关于拼多多和直播电商，文刀刘提出了不少独到的见解和观点。更重要的是，作者还从直播入口、人设定位、内容场景策划、链路流程等具体层面详细分解了拼多多直播的方法论。所以，如果你对拼多多还不甚了解，但又想赶上新一波红利机会，建议看看这本书。

——吴志刚　oib.china创始人

人种学者扬·奇普切斯（Jan Chipchase）

　　他研究了手机在全球的使用情况，他指出，只有三件个人物品是不管哪个国家的人都会随时携带在身上的。前两种是钱和钥匙，并且在过去的3 000年里，只有这两种，直到手机这个人类新发明的加入，才打破了这种局面。

笔者

　　因为有了手机，人类才得以享受直播这个时代。

　　直播是这个时代的工具，也是这个时代的语言；

　　直播是这个时代的商业，也是这个时代的渠道；

　　……………

　　这是一个直播互联网时代！

关于 直播电商，

　　　　我们想 跟你聊聊……

从电商生态角度
看透直播、读懂直播、学会直播

　　中国的移动互联网几乎是"一夜之间"建成的，随着4G、5G网络建设的夯实，智能手机的普及，移动支付习惯的养成，移动互联网只用了3年就完成了从城市到农村的极速扩展，这是中国基建的伟大成就！

　　追逐热点不是本书作者的目的，在2020年疫情及后疫情大环境下，直播尤其是直播电商被推到了风口浪尖，短短半年，关于直播的理论研究就经历了三次迭代，各种方法论层出不穷。冷静思考以后，去除了"烟雾缭绕"的概念，抽丝剥茧对直播电商进行了系统性研究，正如伟大的基建一般，直播一定是依附于生态而存在的。

　　于是，对生态的研究就成为本书的重点，生态是方法论、技巧论的基础，离开生态，方法、技巧都将变成无稽之谈。生态对于商业变现而言就是人、货、场，离开这三个要素，交易不会发生，变现更无从谈起。

所以本书将笔墨篇章重点倾斜在社交电商、画像、供应链、新场景等几个板块之上，只有深度理解以上关键点，才能在拼多多这个平台上做好直播电商。

换句话说，拼多多直播是社交关系、用户画像、供应链、私域流量等势能聚合下的产物，无法独立存在。所以，相对于其他平台的直播电商，拼多多直播拥有更多天然优势，比如砍价优势、供应链优势、红利优势等。

市面上关于拼多多的书主要集中于运营、营销，而讲直播的书偏向于如何开店、如何学会直播技巧等。这不足以帮助更多人踩中风口，捕捉红利。本书重点解析拼多多社交电商的本质，从生态角度理解直播这个风口，以新零售的视角解读直播电商。

大众习惯把电商按照优先级排序：社交电商 > 内容电商 > 传统电商。姑且不去论证这种排序的正确性，但既然是一种习惯性的排序，就证明社交电商在大众心目中占有一定地位。作为社交电商头把交椅的拼多多，正迎头赶上直播这个风口，无论是作为工具使用的直播，还是作为新入口、新场景使用的直播，拼多多都必将形成自己独立的直播生态，而此刻，正是掘金正当时！

正如标题所言，从电商生态角度看待直播，不至于盲人摸象。

文刀刘

2020年8月

目录
Contents

02 第二章

讲透拼多多平台

03 第三章
讲透拼多多画像

04 第四章
供应链思维

05 第五章

直播电商思维

06 第六章
拼多多直播速成

07 第七章

私域流量池

CHAPTER 1

第一章

直播电商是风口不是吹风机

受到全球新冠肺炎疫情的影响，中国经济开启了内循环模式，企业开启了直播带货模式，许多原来不可能在直播场景下进行销售的行业也都加入了直播电商阵营，比如直播卖保险、直播卖机票、直播卖手工艺品等。这些原先大多只做线下销售或独立APP销售的行业，也都为了更好地活下去，积极尝试新玩法。很明显，大多数传统企业想要快速转型销售模式，直播无疑是一条捷径，且形成了新的风口与赛道。

第一节

赛道、赛车、赛手

1. 技术驱动形成新赛道

随着千元智能手机、4G网络和5G网络建设的普及，中国移动互联网下沉几乎在"一夜之间"完成了。下沉区域（三～六线区域）直接跳过了PC时代漫长的普及历程，实现了人人触网。这为网购导入了海量的用户，是整个网购市场的增量，随着传播成本及信息差进一步被压缩减少，下沉区域的消费潜力被无限激发。

据拼多多数据研究中心截至2019年5月的数据显示，大量原本只在一线城市热销的品牌，通过拼多多有效触达四、五、六线城市，成为热销爆品。

有业内人士分析表示：下沉市场的消费增速已连续多年高于一、二线城市，线上平均消费支出已趋于接近。拼多多的"全网最低价"策略，在下沉市场具有巨大的号召力，有效推动平台用户规模维持强劲增长。

由于互联网的发展带动，社会关系也随之变动，比如拜年这种延续了千年的"社交仪式"就被微信群替代了相当一部分工作。通过社交平台，人们可以接触到更广阔的社交圈、更低成本的信息获取方式、更丰富的产品资讯。

　　消费模式也由家庭消费走向更为个性化的个人消费，市场容量极速扩展。比如全家人用一块香皂、一瓶洗发水的场景就会变成人手一块、人手一瓶。个性化趋势同时推动了对非"刚需"商品的需求，喜欢成为购买理由。

　　这场技术驱动形成的新的商业赛道，有别于传统电商，无论是用户画像、用户需求还是内容需求都发生了颠覆性的改变，产生了新的物种。商家需要在供应链、品牌、渠道几个层面做战略性调整。无论是主动还是被卷入，不知不觉中，商业已经跨度到一个新的以移动互联网为载体、以下沉市场消费升级为核心的赛道。这不是趋势，而是已经成为事实，一些人烦恼生意难做，本质上是因为其对新赛道的认知不足。

2. 内容创新打造新赛车

　　在新的商业赛道上，涌入大量非传统网购用户，受对商品认知的方式影响，用户的阅读习惯更偏向于观看短视频及直播。要知道从实体购物过渡到网购，直接跨越了图文工具，短视频或直播是实体场景的线上延续，用户更习惯通过讲解、演示的方式了解商品，看得懂是下单的前提，图文时代的咬文嚼字阻碍了信息传播的准确度，不仅影响转化率，而且无法实现信息裂变，去图文化是必然趋势。好的商品、好的内容如以视频或者直播的方式呈现，必将在新赛道上取得更加令人满意的业绩。

3. 商业变革重塑新赛手

在下沉市场，很多人的第一次网购居然就在直播间，直播虽占据了用户大量的时间，但节约了用户大量的成本。举个例子，逛街1小时跟看直播1小时哪个更轻松，答案显而易见。生物的本质是追求能量守恒，懒惰的背后其实是不想损耗更多的精力，当购物的体力成本被互联网降低以后，人们更倾向于这种便捷高效的直播购物，同时看直播也是一件令人愉悦的事。长此以往，商业的末梢将由物理世界的实体店、静态的传统图文电商大踏步向直播电商转移。品牌、产品都需要一个IP（Intellectual Property）化的主播，目前优质的主播总量远远不能满足社会的需求，新赛道需要海量的新赛手。

4. 从赛手阵营看风口

（1）国家队
中央电视台、《人民日报》等"直播带货国家队"纷纷上场。
（2）明星队
汪涵、刘敏涛、杨幂、吴亦凡、鹿晗、邓伦、岳云鹏、周深、宋茜、赵家班等全星开播。
（3）达人队
李佳琦、薇娅、罗永浩、二驴、辛巴、散打哥等业内翘楚。
（4）企业队
李彦宏、董明珠、郭广昌……

　　2020年4月，朋友圈疯传了习近平总书记、李克强总理带货的消息，这背后折射的风向意义非常重大，领导层对这一商业模式或者商业赛道的支持，已经成了地方政府振兴区域经济的风向标，各地纷纷出台了各种扶持政策、规划出各种预期目标。

　　看风口大小，只要看清赛手轻重就可以判断直播电商的当下及未来，但与以往的任何风口不同的是，这将是一个全民的风口，整个商业的风口，不是选择性风口，而是必须面对转型跟进的飓风口。

第二节

网红现象不是直播电商

1. 网红的本质

　　"答案茶"的故事刚刚落幕，记忆感就让很多人回忆起过去的三年，各种线下网红咖啡馆、网红龙虾店、网红奶茶店层出不穷，大有抓住风口PK百年老店的阵势，奈何最后落入昙花一现的现实窘境。我亲身体验过至少6家网红店，深感不安。我认为网红店的本质是流量模式，网红的兴起是泛娱乐文化的代表，网红与明星一样，只在前端发挥代言人作用，短期内有流量涌入，长期看"原来也就如此"。因为网红的长期价值是缺失的，网红走的是人带货到货带人的路径，但是网红对交易的后端（包括服务、产品）是接触很少甚至是无法碰触的，这就造成了用户对后端产品的体验感极差，从而产生了一锤子买卖的批量现象，集体倒下也就不足为怪了。

2. 直播电商的本质

　　电商直播是货带人，货又强化IP的逻辑。李佳琦和薇娅的爆火，并不只是因为他们强大，还因为他们背后的团队、生态系统的强大。

李佳琦的选品要经过采购部门的千挑万选，最后通过率不到5%。另外供应链的强大还体现在价格优势上，某次某品牌因给李佳琦直接间的价格比全网最低价贵了20元，从此被李佳琦"封杀"，所以背后的强大团队、强大供应链才是直播电商的本质。

3.　直播电商为何看好拼多多

从电商变现的角度剖析直播，为什么会选择拼多多这个平台？

（1）从PC互联网到移动互联网

我记得天猫"双11"成绩单中连续数年突出了移动端交易额占比的数据，直到这个数据突破90%方才作罢。近几年是PC端网购与移动端网购从竞争到逐步融合的几年。阿里巴巴与京东是PC端的"原住民"，是移动端的"移民"，而拼多多是移动端的"原住民"。

（2）社交破圈新流量

"原住民"更懂社交电商，社交的天然优势在于极大降低了破圈的成本，让每个人都有机会链接不一样的世界。营销界深受"定位"理论影响，无论是口号、包装、设计还是定价都瞄准同一批人入手。这就形成了因"渠道思维"而自发地设置边界及天花板的现象，大众品类在渠道思维的惯性指引下，也会成为细分品类，极易出现流量枯竭现象，比如很多人逛店看门头装修犹豫要不要进去看看，这就是流量的浪费。在拼多多的购物场景下，很多一线城市消费者的第一次拼多多购物的链接来自生活在三线城市的长辈，这就是自下而上的成功破圈。破圈是新增流量的入口，拼多多给足了破圈的理由及方法，让流量获取打破渠道限制、打破圈层束缚。

（3）卖家、买家双增量

渠道下沉是增量，拼多多的电商社交化为中国新培养了过亿的网购人群，增量部分正在涌入直播间。

直播电商的基础是供应链。而在移动端，拼多多经过三年赴美上市，2019年GMV（Gross Merchandise Volume，成交金额）破万亿元，平台年活跃买家数达5.852亿人次。能满足如此庞大的买家需求，靠的就是供应链资源。2015年左右淘宝卖家外溢，几乎都去了拼多多。当拼多多社交电商模式成熟以后，更多的制造业源头加入这个平台，让平台拥有更多可供选择的品类。数以万计的SKU（Stock Keeping Unit，库存量单位）成就了万能的拼多多，小到纸巾，大到家电、汽车，丰富的商品满足了下沉市场所需。

（4）未来直播电商的三分天下

从平台角度看，不同平台对直播电商的赋能各有不同，分别是有货、有内容、有社交。而这三项又是直播电商的根基，平台的赋能不能是单项的，否则就不是一个好的生态。所以，每家平台都在积极补齐自己的弱项部分，比如淘宝在努力做社交，抖音、快手在恶补供应链，拼多多在积极发展达人等。

有货：比如淘宝、京东、拼多多。

有内容：比如抖音、快手。

有社交：比如微信。

在三分天下的格局中，拼多多占据了两项：有货和有社交。

强大的供应链、天生的社交电商模式、流量及购物场景依附于微信生态、腾讯的入股加持等。所以商家把直播电商布局在拼多多极大地提高了掌控未来的胜算。

（5）拼多多直播电商机会公式：下沉市场+供应链+社交流量+直播

所谓机会，其实就是弥补短板。目前来看，拼多多在直播带货体验感方面做得不够好，但因其具有天然形成的供应链及社交化优势，可以预判拼多多触底反弹的势能极为强劲。这是一个极佳的蓝海赛道，应该引起所有拼多多卖家及计划在拼多多布局、以直播带货布局的商家、达人的足够重视。中国消费者协会对于直播电商的在线调查结果见图1-1。

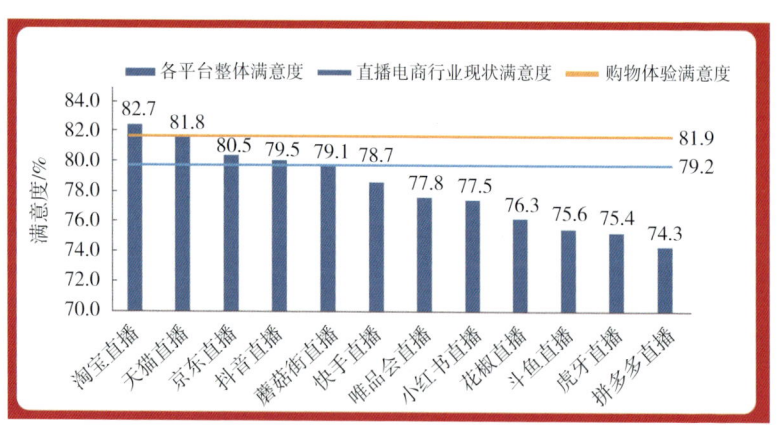

图1-1　中国消费者协会对于直播电商的在线调查结果

（6）拼多多就是电商的今日头条

拼多多的创始人黄峥不止一次说过："拼多多就是电商的今日头条。"这两家公司的确有相似的地方。怎么理解这句话呢？

就是通过人性化的小数据分析，把用户定位进行切片，给用户贴上足够多的标签，然后满足其中几个标签对购物的需求，做到更精准推荐，确保转化率足够高。举个例子，一般对目标客户的定位总是说：女性，年龄25~45岁。这是一个特别模糊的定位，我们需要对这个定位进行切片：女性，年龄35岁，生活在县城，已婚，两个孩子的妈妈，与老人住一起，职业是公司财务，月收入3 500元，每个月生活支出1 800元左右，习惯在商场和超市购物，购物一般在周末，购物时会带上孩子，偶尔会带上老人，喜好零食，每次购物的花费在180元左右，几乎不购买单价超过99元的日常用品，喜欢打折商品，喜欢讲价，自带购物袋……

当对用户进行切片分析的时候，原先给目标用户最多贴上10个标签，现在可能是几十上百个标签，标签越多，消费场景越丰富。把那种用笼统标签分析用户的方法，切换为用无数个碎片化的微型标签来全息还原一个个真实的客户，从而发现用户更为具体的需求，确保推送者能把握推送的目的。

这几乎跟抖音短视频的算法保持了高度一致，读者不难发现刷抖音的时候，都特别喜欢平台推送的内容。这是因为抖音给你贴了无数个属于你爱好的标签，这些标签使平台比你更懂你自己，所以，你看到的都是你喜欢的。

这就是著名的"中毒机制"。拼多多也是依据更多的标签，核算出用户究竟喜欢什么商品，做有目的的推送。这依赖于平台强大的数据处理能力、核心算法以及切片式的用户定位分析。

拥有这些能力，是确保直播转化的关键。大家都知道，直播间观众数量的多少跟成交转化的关系不大。这是因为进来的粉丝未必是商品的精准购买者，电商直播追求的是销量，不是热闹，这就需要平台具备过滤能力，引导消费型粉丝入场。

（7）电商基因决定了电商平台更适合直播带货

电商平台比短视频平台更适合直播带货，尤其是面对追求高频、低消费、高性价比的同一批用户群。这是因为，其他直播平台主打的源头低价好货，实际上是淘宝、京东、拼多多等电商平台的强项所在。比如，拼多多建立了由田地到小区、产地直销的农产品上行通道，砍掉中间商环节，从而使价格更优。此外，拼多多的拼工厂、淘宝的天天特卖、苏宁的拼品牌都宣称与工厂直连去除了中间环节，从而提高了商品性价比。

同样是追求工厂直供、货源地直供、品牌直供，电商平台与供应方商讨的筹码显然更多。此外，纯粹的短视频平台由于缺少零售基因，用户信任度较低、电商功能开发慢、售后服务亦不完善，在所有问题得到解决之前，去短视频平台购物难成用户首选。就卖货而言，电商平台既能很好地保证商品质量，还能提供更完善、更稳定的服务。

第三节

直播电商时代

1. 直播改变了什么

（1）卖家的渠道变革

我在2015年分析微信传播的时候就说过，一个从来只有买买买的人，也可以卖卖卖了，我们不再只是信息的接收者，我们还是信息的发布者，微信的图文就是杂志社、报社，微信的视频就是电视台，如果你足够优秀，微信就是你的"央视"。大家都还记得，在微商火爆的阶段，很多草根莫名逆袭，其背后的原因就是传播带来的效率提升，新一轮流量被激活，消费商这个半职业化工种诞生。在我们可预见的将来，一个人可以通过直播创办一所大学、创办一家电视台、创办一家商场或超市。之所以称直播电商是一个时代，是因为技术创新、传播创新由原来对行业的赋能转变为对个体赋能，颗粒度极大减小，赋能的对象由组织转变为个人，从而将社会资源也导向个体，在社会最底层面引起一系列新的变革，比如品牌IP化、卖场虚拟化、供应链定制化、定价微利化等，可以肯定任何一项变化对今天的企业及个人来说都是颠覆性的，这是一个全新的时代，必须有新的物种跟进。

（2）买家的消费升级

樊登说过一句话，当你看到朋友圈卖面膜的人，请不要屏蔽他，因为他在优化这个社会的交易结构。在电视媒体时代，我们有一半的钱花在广告费上，还养活了一批经销商。广告费及经销商就是商品的传播成本，落后的传播技术、复杂的传播环节令下沉消费者长期无法实现消费升级，内需市场更是无法被拉动。

对企业来说，直播不仅缩短了消费者和企业之间的距离，还增强了消费者对于品牌和产品的信任。直播建立了一个F2C（Factory To Customer，从工厂到消费者）模式，真正做到没有中间商赚差价，直播间打通购物链接、支付渠道，消费者在观看直播的同时，可随手购物，既便捷又实惠。

几乎所有的直播带货都会出现比价动作，这个动作的背后就是去中间化。去中间化是一种能力，在直播带货之前，几乎没有去中间化的商业模式，传统电商存在大量2B（To Bussiness，面向企业）业务，直销行业更是层层叠加的结构。而直播是一种低成本甚至零成本的一对多的传播方式，极大地优化了交易结构，令商品在微利的策略下满足消费需求，实现了消费升级。**消费升级不是花更多的钱购物，而是花更少的钱买到。**

2. 用直播的方式重做一遍

（1）人找货的商业场景

人找货就是逛街，所以商业才有了"旺铺"思维，消费者大致清楚自己的需求，熟悉哪条街有自己想要的东西，腾出时间

（一般是周末或者节假日）带上现金满街找货，为了买到价格合适、自己满意的东西，往往需要花费半天乃至一整天的时间。在人找货的传统商业场景下，消费者购物往往要花费大量的精力，购物端的边际成本相对高昂，交易效率整体偏低，因为商业只在特定的空间场景中发生。

（2）货找人的商业场景

货找人的逻辑是大数据推送，无论是商品还是内容，都是主动找人、找对人，抖音的沉浸式"中毒机制"，就是大数据依据用户喜好做精准化推送。但数据在过去的表现方式多以图文为主，短视频的本质也只是把静态的图文动态化而已，无论是图文还是短视频都是硬广的表现形式，是人为夸张加工的产物，与传统报纸、杂志、电视媒体呈现的广告没有本质的区别，所以在取信消费者层面并没有特别突出的贡献。再精准的推送，也只是降低了广告成本，并没有创新商业传播的方式。

（3）人找人的商业场景

进入直播时代，诞生了商业的第三个场景：人找人。这是全新的C2C（Customer To Customer，从消费者到消费者）模式，暂定为Cn2C模式（n是多的意思），就是一对多的舞台售货模式。商业场景的三种模式见图1-2。

传统购物的成本来自两个方面：一

图1-2　商业场景的三种模式

是时间成本，二是不确定的风险成本。在生活流与信息流高度融合的移动互联网时代，购物已呈现出高度的即时性特征。举个例子：饭后刷朋友圈是休闲，刷到拼多多推荐海报或者砍价海报或者0元抢购海报，都非常有可能参与购物。这就是商品信息流已经嵌入你的生活流之中了，如今购物支付的是碎片化时间及快速甄别的确定性需求，刚需、高频的商品更是如此。

而电商主播就起着甄别的作用，以降低购物风险，让用户别买贵了、买假了。用户也会在不同的直播平台关注N个主播，时不时甚至固定时间去观看，所以直播电商形成了一个人找人的全新商业场景。比如关注李佳琦就是为了买更便宜的品牌美妆；关注罗永浩是相信他的砍价能力；关注二驴是天气热了，想看看有没有更优惠的格力空调卖……

人找人的逻辑在于，驱动力首先来自娱乐，而不是目的明确的购物。用户对主播认知的清晰度远比购物目标的清晰度要高得多。在人找人这个场景下，主播对用户叠加了三层价值：超级导购（听主播的不会吃亏上当，还能获得其他福利）、人生偶像（15度角仰望）、生活闺蜜（说出了消费者的心声）。

用户在观看直播的时候，即便没有明确的消费计划，主播仍能促成大量随机性、冲动性消费。平台的算法推荐机制，让进入直播间的粉丝尽可能精准化，再通过直播现场内容来引导，确保了转化率的提升。现场直播，作为内容表现形式的一种补充，特别是互动功能的补充，让有限的商品更生动地展示在用户眼前，激发用户的购买欲望。

（4）新场景对旧场景的改造

在人找人这个新场景下，你可以想象在传统的商场一楼会出现满足线上购物需求的直播间，在每所学校会有一个直播课室，在每家工厂的流水线车间或研发室会出现一个工程师直播间，在入驻美团的餐馆角落会出现一个现炒直播间等。

这是直播对传统实体商业的改造，目前已见端倪，2020年上半年疫情期间，很多服装店铺已经腾出地方，改造成了直播间。

直播对电商的改造，正在发生巨变。电商直播是最具转换实效的直播形式。在移动互联网时代，市场导向从传统的价格导向转为情景导向，电商越发需要在移动端实现购物模式的多样化，让消费者在场景化的环境中有更好的消费体验。这成为驱动消费者迁移的新增长点，而直播的属性恰恰符合这一趋势。

假如一件商品没有"宝贝描述"，能不能正常销售呢？答案是肯定的。当主播在讲解某款商品的时候，下方会出现一个带产品包装的小图片，点击跳转到店铺，用户根本不需要下拉宝贝详情就完成了购买，路径变得更短、更直接。这个小小的购物变化，将对电商公司的组织架构产生极大的影响。首先平面设计师可能要失业了，再次文案也变得不重要，甚至摄影、模特等都将变得可有可无。接下来，整个店铺的运营结构也会发生变化，或许不再需要传统的运营思维、客服服务方式等，一切都会随流量的获取方式、购物入口、购买路径、购买场景发生诸多质的变化。所谓改造，本质上是对组织架构及人的改造。当这一切都发生的时候，电商购物场景将发生翻天覆地的变化。

我在2015年探讨个体崛起话题的时候，就明确讲过：现在的明星都去卖面膜了，电视台的台柱子都去创业了。当社会交付结构发生迭代的时候，最能感受到变化的就是个体，而不是组织。作家古典讲过一句话：人的能力不在组织，而在朋友圈。当能力找到释放途径的时候，个体经济模式就崛起了。

在人找人的场景下，C端依然是消费群体，社会稀缺的是支撑起商品教育推荐的卖手大C，也就是主播人群的批量化生成问题。直播电商行业之所以有头部主播现象，是因为还不够规模化，消费者的传统购物习惯还有待进一步随趋势转变。所以对于个体主播来说，这是一个风口。

无论是店商、电商，还是个体，处在这样一个直播的时代，都需要用直播的方式把商业重做一遍。

CHAPTER 2

第二章

讲透拼多多平台

本章开始解析拼多多。综前文所述，在疫情和后疫情时代，直播成为一个新的电商入口，互联网商业进入一个全新的时代，但直播不是孤立存在的，直播的背后有生态链赋能。本书关于直播的讲述，基于直播电商，直播是展示形式，电商才是内核。

　　在未来直播三分天下的格局下，拼多多占据了有货、有社交两大优势。本章内容就是围绕"拼多多平台"这个话题展开，让读者对拼多多的商业模式有全面的认知，教会读者如何借助电商平台、如何利用社交属性，让直播从一开始就具备商业变现价值。

第一节

拼多多依靠小程序加速

1. 购物就在小程序

从消费者使用场景来看，很多人第一次接触拼多多都是从朋友圈、微信群或者私信接收到好友发来的小程序链接开始的。你或许不知道，很多人的第一次网购也是从拼多多开始的。对于那些懒得安装APP的用户来讲，收到链接后打开小程序，点击添加到我的小程序就可以了。对于很多人来讲，这是一个正确的打开方式，因为简单，在涉及需要分享的时候几乎都在微信生态内部流通，因此把拼多多视为一个超级购物小程序更符合该平台的社交特性。（见图2-1）

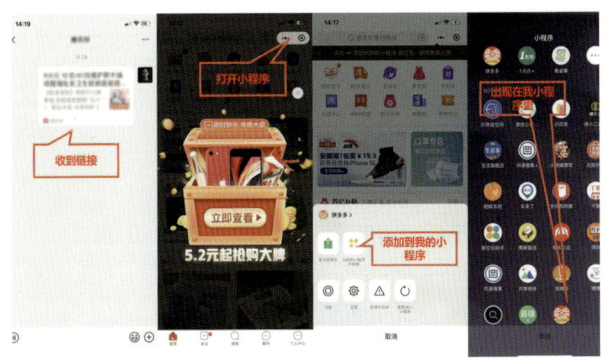

图2-1　拼多多小程序购物页面

小程序成功地将拼多多网购与社交紧密联系在一起，在购物中社交、在社交中购物。用户通过分享，把购物这件事与陌生人链接在一起，组成了一个新的关系链，新的关系链中又能产生新的互动性及趣味性，这是一种全新的购物体验，共享了购物的乐趣，本质上跟结伴逛街是一个道理。

2. 用完即走无需安装

小程序就是不用安装的APP，APP能做什么小程序都能实现。目前百度、支付宝、抖音、快手都有自己的小程序，但公众默认的小程序就是微信小程序。微信小程序是应用最广泛的，乃至深入人心的小程序。

微信小程序无需安装，用完即走，比起其他电商的分享方式，被分享者的压力突降为0，那些诱人的分享理由才不会被阻断。我们都有过被分享的经历，当看到一串陌生的代码时，内心其实是拒绝的，担心资金安全问题、流量损失问题、病毒侵害问题等。在这种担忧下，商家精心设计的促销方案往往会被无情拒绝。小程序的分享界面完美地解决了上述几个问题，你看到的分享是以图片感官的模式呈现拼多多官方的链接，包括推荐人信息、诱人的产品图片、促销价格、小程序的标识等，极大地减少了用户的各种担忧，同时激起了其点开链接的欲望。（见图2-2）

3. 流量从微信来

图2-2　拼多多小程序分享链接

微信月活10亿，淘宝系是6亿，中间差了4亿，这4亿大部分是三～六线地区的人群，以及其他地区的中老年人群。在这个群体中，留给拼多多的空间巨大。

淘宝2018年赞助春晚，带来的流量是2017年"双11"的15倍，足以印证了下沉市场巨大的消费潜力。但手机淘宝的业绩并没有明显的增长，移动端带来的流量都补充进天猫，天猫的产品属性、定价并不符合三～六线人群，因此基本可以判断，三线以下区域的人群基本都是拼多多的目标用户。

我们分析一下各大电商平台的用户画像，淘宝主要以服装为主，服务的是笨笨用户，这些用户的需求不明确，只能到处搜索闲逛。所以马云曾说过淘宝是个娱乐公司，每天有几千万女士没事就在淘宝"逛街"。

京东主要以3C（信息家电）品类为主，服务的是"大明用户"，大明用户就是消费需求非常明确的用户，不需要教育，买完就走不会到处闲逛。

拼多多主要以食品、日用品为主，服务的是小闲用户，娱乐导流效率非常高。

而微信用户其实是小闲流量，属于泛娱乐流量。所以京东很久之前就拿到了微信官方一级入口，但它并未有效导出微信流量的原因就是流量与用户错位。小闲用户是指没需求的人，在微信生态，你突然让我买个东西就很奇怪，用户不会主动打开电商平台，所以把微信流量导给任何电商平台，他们都会快速退出，不会停留，也不会"逛街"购物。（见图2-3）

图2-3　微信发现栏京东商城入口

那拼多多是怎么做到的呢？它为什么可以"吃"腾讯的小闲流量？

打开拼多多小程序商城（见图2-4），出现次数较多的是

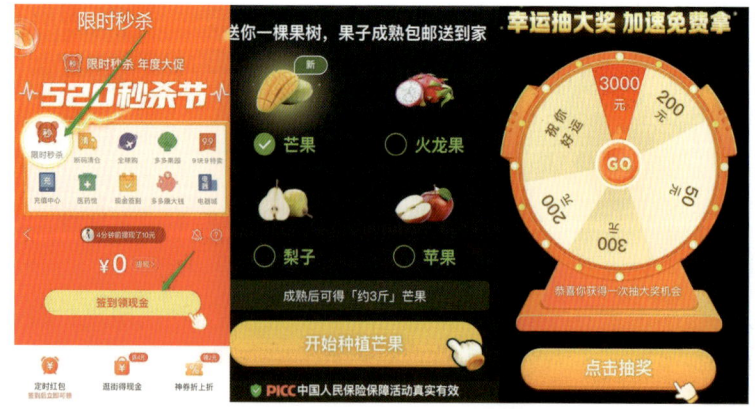

图2-4　拼多多小程序商城页

"限时秒杀""幸运抽大奖""天天领现金""签到领现金""公益种植""砍价免费拿"等。

这是什么？这其实就是一个游戏逻辑，用参与游戏的方式把购物变成娱乐活动，想象一下，我本没有任何购物需求，但是看到这些诱导，还是会在本能的驱使下去碰碰运气的。另外拼多多团队之前也是做游戏的，所以我一直建议在拼多多直播间，主播需要具备一定的娱乐精神，电商直播动辄几个小时，没有娱乐支撑，观众、主播都会很疲惫。

图2-5　拼多多达人
徐子阳直播中

我参与孵化的拼多多达人账号"徐子阳"，2个月粉丝过百万，采取的也是娱乐精神铺路的方式。（见图2-5，后文会详解）

4. 腾讯入股拼多多

2016年7月，腾讯投资拼多多，这个时间是拼多多微信公众号上线10个月以后，拼多多强劲的业绩表现促使腾讯在B轮融资入股。这是腾讯在自有电商拍拍失败后第二次投资电商，前一轮是京东，上文做过分析，微信流量与京东平台的打通并未达到理想的效果。

　　相信腾讯在拼多多身上看到了"社交+电商"的组合方式才是腾讯电商的未来。所以社交电商这个模式成为腾讯对抗阿里系电商的正确姿势，腾讯为拼多多开通了白名单，拼多多也充分利用了微信的10亿用户，拼多多用户几乎都在微信被激活。微信也成为拼多多流量裂变的基本模式，尤其是对微信小程序的利用，更是出神入化。

　　社交电商的本质依然是电商，社交只是流量获取的方式，腾讯是流量的大家，但流量导给谁？流量的往复价值乃至终身价值如何变现？这需要一个全新的生态去承载，拼多多恰好就是这个全新的生态体。

　　因此，腾讯入股拼多多既是加持亦是创造未来，相信在相当长的时间内，社交电商一定是腾讯与拼多多的天下。（见图2-6）

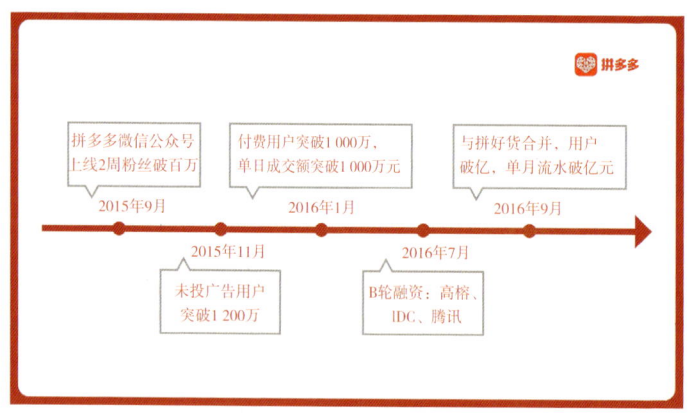

图2-6　腾讯入股拼多多

第二节

拼购打天下

1. 社交拼购三板斧

与传统的搜索电商不一样，拼多多的用户购物很多都是通过社交关系链导入的购物游戏进入主页或者详情页面的，用户会发现这里的商品充满了心动的价格诱惑，便宜实惠得像特卖场，完全没有任何经济压力，消费变得很随意，在此基础上拼多多又附加了三种让顾客感觉更便宜的购物手段，分别是拼团购物、邀请助力和分享互惠。

（1）拼团购物

一般拼团都是凑够一定的人数才能开团，但拼多多已经预设了拼团一定能够成功，采取先付款后拼团的方式。拼多多把拼团环节放在支付环节之后，让消费者提前用团购价完成支付，随后再找人拼团，拼成功了便发货，不成功便退款，将支付环节提前，尽快锁定消费者。

打开拼多多任何一款商品的详情页，在最下方的菜单栏里会出现"单独购买""发起拼单"两个价格标签，两者一般相差好几元。（见图2-7）

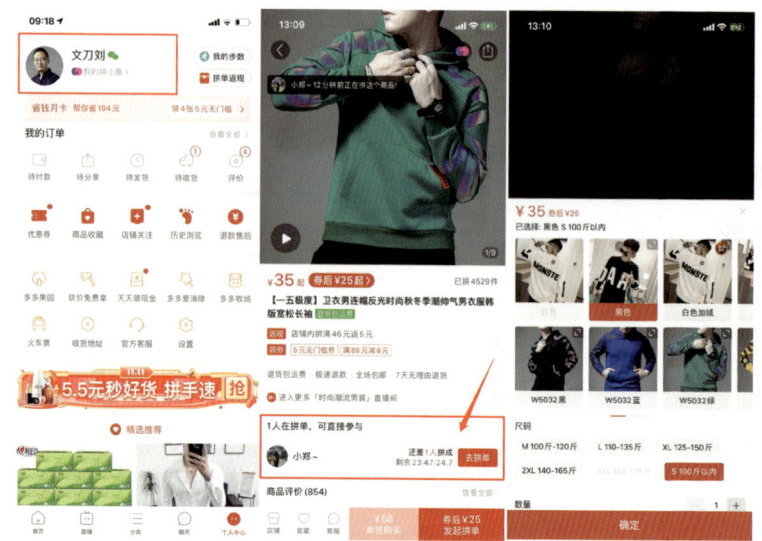

图2-7　拼多多拼购图示

　　顾客自然会选择"发起拼单",支付后,一般几分钟就能拼单成功,这得益于拼多多巨大的流量基础,顾客花几分钟等待就能得到便宜,自然是一件很开心的事,而且拼单成功也会带来精神层面的愉悦感。

　　当顾客犹豫要不要拼单的时候,该商品会独立显示有多少人在拼单,还差几人即拼单成功的实时数据,鼓励顾客选择拼单而不是单独购买。拼多多这种有意甚至"强迫式"让顾客占便宜的方式就是为了帮助顾客省钱,增加顾客购物的体验感、惊喜感。

　　为什么愿意拼团?因为有一个心理作用,就是痛苦总是比快乐要大。大家转发拼团,除了在乎节省这几块钱之外,还在乎是否亏损,不拼团就意味着损失。

（2）邀请助力

常用的邀请好友助力就是让好友帮忙砍价，顾客看中一件商品，但觉得价格不够实惠，想请朋友帮忙参与砍价游戏，砍价的朋友越多购买的价格就越低，或者商品已经很实惠了，但价格还不够"刺激"也可以邀请朋友帮忙砍价。（见图2-8）

图2-8　拼多多助力活动图示

助力砍价与我们在实体柜台跟营业员讲价是一个道理，只不过实体店的打折空间非常有限，一般的折扣商品都有明确的打折标签，而传统电商的折扣也是如此，每年只有"双11""618"才有巨惠，而在拼多多平台上，通过好友助力砍价，甚至可以0元购买。

成功砍价后的心态跟获奖的心态一样，这是从未有过的讲价方式，好友的助力让参与者顿感人气、人品"爆棚"。在社交中购物进一步加深了这种体验。

（3）分享互惠

分享是人类的天性，人们遇到惊喜时总会告诉身边的人，希望与之一起分享自己的快乐。在购物环境里的分享，是渴望自己关心的人也能得到实惠。拼多多利用人的这种天性，鼓励每一位参与者把自己的惊喜分享给身边的人，好的分享能增加个人在圈子里的魅力，也是获得个人社交货币的重要途径之一。

在拼多多平台，签到及分享自己的签到给好友，即可得到现金奖励，这是平台为了拉新、激活、留存用户所采取的社交手段。图2-9为签到领红包图示，可通过微信端将签到链接分享出去，图2-10为被分享者点击签到领红包图示。

图2-9 拼多多签到领红包图示

图2-10 拼多多被分享者领红包图示

拼多多还具备截图自带商品链接二维码功能，在任意商品页、直播间截图会出现以下三个分享通道：微信、QQ好友、QQ空间。当好友收到你的截图时，点击识别图片中的二维码，即可进入该商品的详情页中。（见图2-11）

图2-11 拼多多分享通道

2. 拼购背后的社交逻辑

传统实体店铺及电商零售关注的是购买、多买，追求的是成交量及客单价；而社交电商追求的是用户背后的用户，通过用户找到更多的用户，做的是圈层裂变。前者流量靠不停地推广拉新，后者流量来自分享推荐，具有流量的自我生成机制。

拼多多深谙社交之道，利用社交拼购三板斧深度挖掘了用户背后的社交链，将批发、共享、裂变融会其中，打破了传统商业的交易模式，提升了产品流通、品牌传播的效率。

人们总会天然倾向于相信熟人的介绍和推荐，因为这可以降低对新事物的学习成本，节约时间，提升自己的生活效率。

在社会化消费中，用户的社会关系变得越来越重要，正如拼多多介绍中所说的用户通过拼单和朋友、家人、邻居等发生联系。

在社交环境中，一个人会有两种身份：消费者及传播者。传播者经营的是社会关系，收获的是社交货币，这对一个人的社会价值塑造起着至关重要的作用。

在中国传统社会关系中，熟人型社会关系占据了绝对地位。但是随着社会的发展，社交空间关系发生了巨大的变化，现在的年轻人可能很少有邻里的社会关系，反而与更多的陌生人建立了联系，比如相同兴趣的人等。

熟人型关系与陌生人关系的最大不同点在于是否基于利益的获得，熟人型关系可以依靠游说达到传播（当然能互利更优）的目的，而陌生人则难以去游说，更多的是共同利益驱动，这就变成主动分享为了自己的利益，被动分享为了维系关系，都具备社交价值。

每个人都拥有自己的熟人关系网，包括家人、好友、同学、同事以及邻里等，用户为了获得个人利益可以通过游说的方式完成产品的传播。拼多多则充分利用这个关键点，来实现熟人间的传播。

在三板斧中，除了拼团购物可以在拼多多APP中依靠强大的PV（Page View，页面浏览量）流量单独实现进入"拼单池"外，邀请助力及分享互惠都需要在微信端实现。微信是国民级的社交软件，坐拥12亿用户，是最大的生活流通道，人们通过这个渠道进行社交关系的维系。微信也是个人私域流量的重要载体，想动用一个人的圈子资源，微信是最大的入口。

3. B2B2C的头羊模式

除了针对消费者的社交拼购三板斧之外，拼多多还有消费商计划，就是用户通过多多进宝公众号或多多进宝APP注册并成为"多多客"，就有了分销的权利，在多多进宝选择愿意推广的产品，分享出去，就能赚取佣金。这就意味着，原有的买家成了卖家。（见图2-12）

在传统的商业模式中，卖家在成交后总会说，用得好，介绍朋友过来买啊。这是希望通过老用户口碑为自己拉新，但这种没有链接能力的拉新往往是失败的，无法做到跟踪及落实，也无法有效刺激老用户分享。

图2-12　多多客资格获取图示

多多客是拼多多推出的团长赚钱计划，借由用户口碑及利益驱动，促成用户"职业化"分享，为具体的商品带来新的流量。多多客是商家的"外挂"业务员，与淘客的作用一样，不同的是，拼多多鼓励这种模式的发展，增加开通多多客的商家的权重支持，这种通过商业化促进人带人的模式充分体现了社交的属性。

我称之为头羊模式，就是在用户中产生KOC（Key Opinion Consumer，关键消费者），由KOC分享商品链接，起到免费拉新裂变的作用。多多客在某种意义上承担了商家的信任背书责任，让商品更具人性化，也是商品能卖爆的重要条件之一。

目前多多客采取上家邀请制，即想取得多多客的分销赚钱资格，必须找到一个多多客，获取他的邀请码。拼多多对多多客进行了有效组织管理，借助部分直销模式，采取人带人的组织架构，使其演变成为一个庞大的分销团队。

第三节

C2B社交电商之王

1. 有传播才有社交

（1）价值传递

社交关系的维护及保温靠的就是彼此之间传递价值，每天说点啥、朋友圈发点啥，成为我们生活的一部分。价值通过内容体现，普通人能创造的内容就是生活中的喜悦哀愁，但人生绝大多数时间都是平淡的，朋友圈没有那么多爆炸性的新闻。当主动发声及被动看内容成为生活中的一部分的时候，朋友圈就不能是真空状态，否则生活就失去了趣味性。

为了不在朋友圈中"失踪"，人们总是制作各种可传播的素材，这是生活的刚需。

（2）内容炫耀

梁宁在课程"增长思维30讲"中曾谈到一个观点："什么是品牌？品牌就是有溢价能力、渠道愿意与你合作以及用户会跟你的产品自拍。"由此反思，对于普通人而言，什么才是值得分享的内容？出现频率最高的内容大致分三种：晒娃、美食与购物。其中购物几乎每天都会发生，属于超高频可供分享的内容，购物的惊喜大概是人们生活中最常见的欢乐来源。社交电商正是利用这个取之不尽的内容之源，激发人们分享到手的惊喜，从而通过社交链触发圈层认同感，引起围观效应。

（3）传播路径

我在2014年的时候曾做过一个微信关系链的思维图，将微信关系分为强关系、中关系及弱关系。对照拼多多分享模式，推导出了大致的分享路径：分享喜悦一般在强关系圈传递，需要拼购一般在中关系圈传递，弱关系是需要更多人帮助砍价时的备用。（见图2-13）

（4）价值阶梯

在社交平台，价值感是分级的，依次是点赞、评论、@对方、私信。其中，私信的内容除了聊天就是好物分享。虽然好物带来的价值要在好友体验后才能表现出来，但恰恰这种滞后

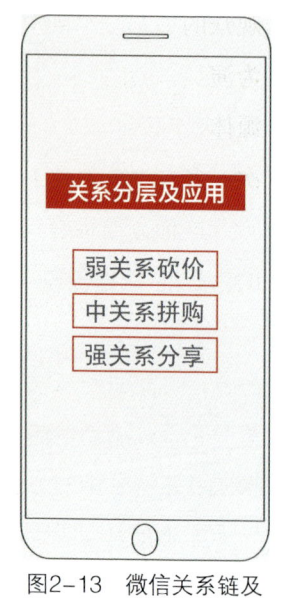

图2-13　微信关系链及其在社交购物上的应用

能带来全方位的体验感官，分享者会收到好友特别的惊喜反馈，分享者与被分享者之间会强化友谊，形成更紧密的社交关系，被分享的内容或好物也会自然破圈，走向下一个社交节点，从而不停地传递价值。这也就是为什么拼多多敢于充分利用微信的社交关系链及分享入口传播价值，把分享作为营销的利器。

2. 社交网络去中心化

在以往的单向传播中，信息发布者与信息接收者是演员与观众的关系。当观众有了传播能力以后，自身会产生"节目"成为演员，就会有人围观，每一个分享者都是一个小中心、一个信源体，一个统一的发布中心模式被打破了，信息在各个节点中再次、多次被分发出去。

这种分发带有目的性、自主性，以往广告主或者平台方追求的信息准确度及有效性免费得到了实现。

去中心化，是由用户决定信息的价值，用户的分享行为是为品牌或产品做信任背书。省去了供应链的时间成本、传播成本、教育成本。这种去中心化下的社交分享模式，我称之为内容C2B模式，由自由分发带来的订单数据指导供应链按需备货及生产。

我们不难发现，在拼多多平台，销售非常火爆的往往是那些无知名度、无代言人、无广告的"三无"商品。在传统商业模式中这些商品是很难出位的，但其却以好产品就是好内容的理念，借助社交电商去中心化的零成本传播方式进行扩散。

3. 病毒式疯传

病毒式传播就是被用户疯传，乔纳·伯杰在其所著的《疯传》一书中提到，打造具有传播力的内容的六步包括：产品或创意富含社交货币、能够被诱发、能够激发情绪、具有公开性、具有实用价值、融合到一个故事中。

病毒式传播是很多商家绞尽脑汁都要去实现的愿望，但想要商品被病毒式疯传，是需要设计的，需要平台支持，需要工具去实现。

在上述六步中，社交货币、诱发、情绪、价值等关键词在拼多多平台都被设计成了可一键实现的小工具。

用户分享的前提是信任与利益驱动。信任基于对产品的认可，在拼多多平台，由于低价策略的合理运用，用户多以值、超值的体验判断商品价值，然后基于强关系迫不及待地进行传播和分享。

而小工具是为实现分享者的利益所准备的，有了这些操作简单、利益明确、具即时性的小工具，病毒式疯传才能具备可操作性，其借助用户的社交网络，通过对小工具的分享影响身边的人，用户身边的人也会通过利益驱动影响他们身边的人。举个例子，在传统媒体时代，当我们想把一则好消息分享出去的时候，需要打电话或者面对面才能实现，增加了分享的成本及难度，很难有效到达第二个圈层，企业必须长期保持坚持不懈的努力，才能逐渐被消费者认知、认可。因此在传统商业中，一个品牌往往需要三年或五年的规划才能实现一个小目标。

（1）购物好友圈

除了从微信导入用户，并通过算法机制获取用户在微信生态的社交关系外，拼多多APP首页，黄金banner（横幅广告）位的下方就是拼小圈，这里有用户关注的拼购好友，可以与他们聊天，并分享好物。（见图2-14）

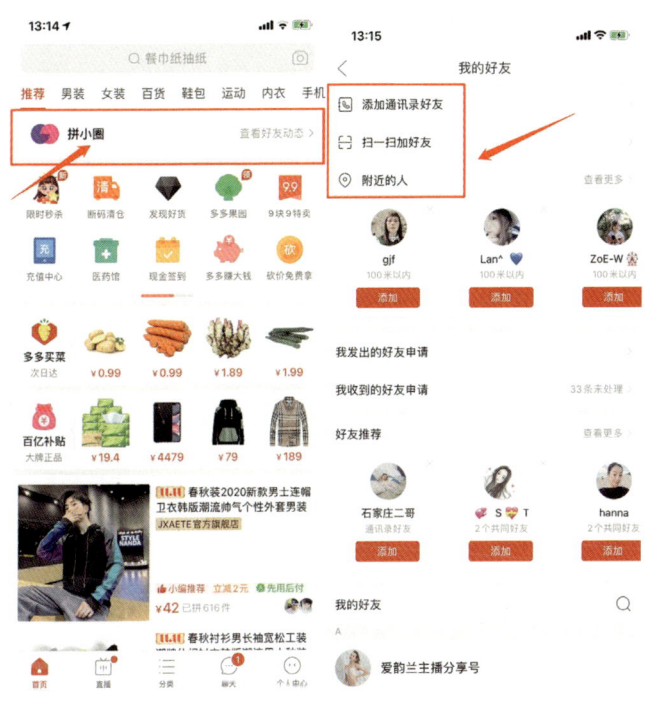

图2-14　拼多多购物好友圈

　　这些好友来自三个方面，即通讯录好友、附近的人及聊过的人。假如有认识的人添加你，还有提醒功能。下拉会显示好友及自己的拼购记录，点击即可进入拼购页面。这种窥探好友购物信息的方式，能让用户产生购物共鸣感，进而引起自身对好友选购商品的兴趣。

（2）独立的待分享工具

　　我一直关注社交电商与非社交电商的区别，其中一项就是个人中心的后台功能设置。我认为个人后台不能只有购物数据、购物历史的记录，还应该具有体现社交化的工具。工具的设置是为了帮助愿意分享的用户满足自己的冲动，如果连这个准备都没有，几乎可以判断，这是一个伪社交电商模式。待分享键就是用户发起拼团并按拼团价支付成功后，订单会出现在待分享功能中，用户可以将该链接分享给微信好友，邀请好友参团。（见图2-15）

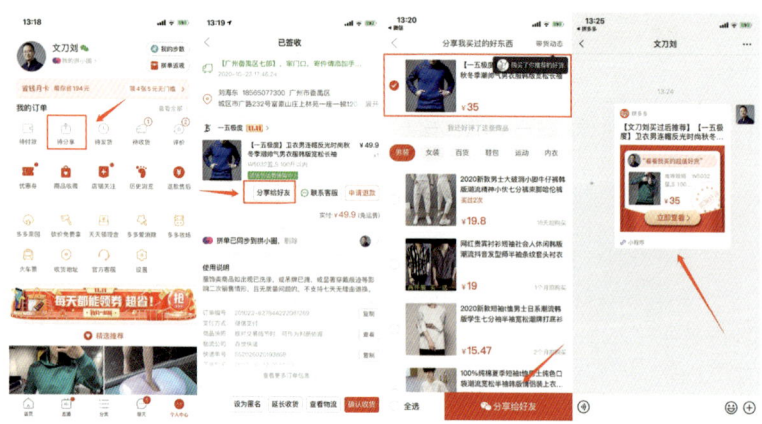

图2-15　拼多多待分享图示

（3）分享奖励机制

在拼多多平台购物，到处都是"利益陷阱"，在低价的基础上，叠加了很多只要分享就能获利，甚至获得现金的奖励，常见的刺激活动有助力免单、砍价免费拿、天天领现金等。这些奖励就是为了不让顾客思考，只管动手，极大地降低分享阻碍，让信息流在社交网络畅通无阻，快速实现拉新、强化用户黏性。（见图2-16）

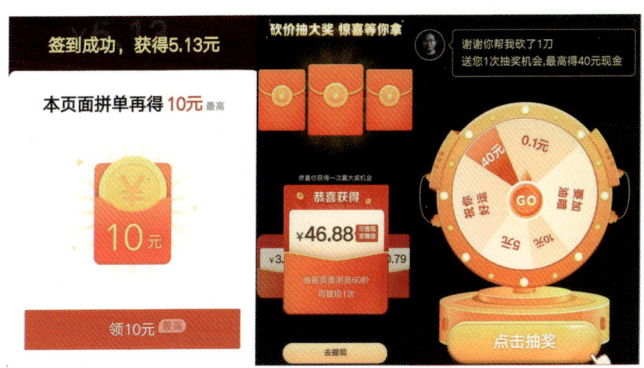

图2-16　拼多多分享奖励图示

4. 参与感"爆棚"

　　消费者选择商品的决策心理在这几十年发生了巨大的转变。消费者购买一件商品，从最早的功能式消费，到后来的品牌式消费，到近年的体验式消费，再到全新的"参与式消费"。这个转变几乎可以用"消费者越来越聪明了"这句话来概括。

　　在物资极度丰富的今天，选择权一定是属于买家的。选择的背后依然是以信任为基础，而信任的最大化就是参与进来，在体验感一致的场景下，消费者肯定更加信赖自己参与过的商品，消费者不再是商品及商品流通的围观者，他们愿意参与到某个环节中去，留下自己的足印。

　　在拼多多购物的链条中，用户参与是流通环节中最为重要的一环，参与的方式是互动与社交，驱使用户参与的理由就是好玩及便宜。

　　以"砍价免费拿"为例，我们参与进去看看这个活动是如何让用户一步步参与进来的。

首先点击进入主页后，用户会看到各种免费拿的商品，包括每件商品已送出的数量及商品大图；选择你喜欢的商品点击"点击免费拿"，会看到这款商品的详情页，但并没有该商品的售价，只有特别显著的"砍价免费拿"色块字；点击进去，显示的是真正购买时才有的收货地址，这个页面暗示你真的可以免费获得，真实感特别强烈。开始砍价，系统会帮你自动砍掉一部分，显示仅差百分比，让你感觉离免费拿很近、很轻松；让好友帮你砍价，系统会提示砍价口令已复制，打开微信把口令粘贴到你的好友私信或者微信群内即可。（见图2-17和图2-18）

图2-17　拼多多砍价免费拿活动参与图示一

图2-18　拼多多砍价免费拿活动参与图示二

　　整个流程非常顺畅，好友的每一次砍价都能即时收到反馈，免费拿进度条都能很明显地前进一步，每一步操作都充满游戏感，视觉效果强烈，闯关轻松简单，由于是自己选择的商品，所以参与分享的理由特别充分，动力十足。

5. 游戏化升级

　　逛街的本质是购物吗？其实购物已经"沦为"陪衬，人们购物是在进行消遣。传统的购物方式是你到一个商场买东西，通过看和逛获得一种满足。这本身也是游戏的一部分。它也是一种寻宝，通过努力寻到宝，占到便宜，回来炫耀。

　　在拼多多首页有16个入口，与游戏相关的入口就占了一半。

如限时秒杀、多多果园、9块9特卖、现金签到、多多赚大钱、砍价免费拿、多多爱消除、天天领现金等。

比如多多果园。你打开后会有一条提示，意思是选择一棵树，持续地浇水直至大树养成，即可以免费获取相应的包邮水果。也就是说你种一棵虚拟的树，最后你能够得到一包水果，这种奖励非常有诱惑力。

这跟早年流行的QQ偷菜游戏类似。需要你经常打开这个APP，进入多多果园施肥、浇水，不然那棵树就死了，在果树下方的进度条中，明确显示出你收获果实所需要的条件，并给出快速进阶的方法，使用任何促进果树成熟的方法，都需要参与诸如观看购物页面、拼单等活动。

前文做了分析，微信用户属于"小闲"用户，微信场景属于泛娱乐世界，不是购物平台，微信用户除了必要的社交沟通、工作沟通之外，基本都是娱乐与生活，因此拼多多利用"游戏+社交"的方式对微信用户进行了有效的购物场景转化，调动了4亿人群的参与积极性。

拼多多创始人黄峥说过："拼多多是一个重视互动的软件产品，我们把产品当游戏运营，强调用户以什么方式第一次接触和互动，以及怎样去做用户筛选。"

抢占用户的时间，是商业考虑的重点，在使用时长方面，游戏的耗时肯定长过购物，当购物以游戏的方式存在时，用户时间自然被平台拉长，这就是商品游戏化或购物游戏化的魅力。

拼多多做到了沉浸式购物，当用户通过游戏的方式发起拼购的时候，拼成的概率相当大，所以其本质上做的是批发生意。拼多多没有购物车功能，平台不追求用户一次性购买多种商品，而是希望通过用户的社交关系，拉来更多的人对同一款商品进行消费，重在娱乐跟分享，与泡在网店不同，这是一种令人愉快的购物体验，基本没有钱包压力。

可以说拼多多始于游戏，终于游戏，拼购是多人参与的购物行为，发起方只有采用去购物化的方式才能引起好友的关注并使其参与进来。而游戏是淡化购物感最佳的方式之一，因此平台推出了多种游戏化的购物场景，使用户沉浸其中。

参与拼多多的购物体验，你直接获得的价值是便宜，但是最重要的还不是便宜，而是通过游戏，付出你的努力获得便宜。

打开拼多多，在首页就可以找到"多多赚大钱""免费领水果"等游戏，让我们分别娱乐一下。

（1）多多赚大钱

点开多多赚大钱，便会出现一个几乎看不到商品的游戏页面，可爱的小金猪下方有只引导你收取金币的手在不停地引诱你点击；点击后会有金币"哗啦啦"地从小金猪体内帮你充值，你会在页面的最上端看到你的级别及进度条；当游戏结束后，会出现"多多梦工厂免费领商品"页面；点击"去看看"后会出现可领取的商品，选择商品，点击"确定领取"，即跳出你的收货地址，此时你会感觉该商品几乎属于自己了；点击"确认收货地址"，会跳出"开工大吉"页面，提示你工厂将开始制造你选中的商品，并送出电力指数；点击"去制造"，又会看到一个超级梦幻的游戏页面，提示你做任务领电力。该游戏主要是驱使用户打卡签到充电，这样就诱惑用户每天去拼多多完成签到的操作。

（见图2-19和图2-20）

图2-19　多多赚大钱小游戏图示一

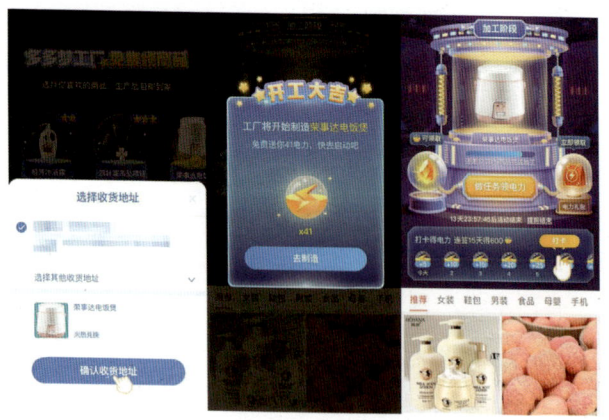

图2-20　多多赚大钱小游戏图示二

我完整地体验了整个游戏，感觉非常舒适、轻松，每一步操作都非常简单，重要的是能即时获得游戏的奖励，最后实现心愿。很多用户为了免费获得价值很高的商品一定会坚持按照游戏的规则进行操作，从而，平台很好地激活了用户。

（2）免费领水果

点击免费领水果，会出现"送你一棵果树，果子成熟包邮送到家"页面，选择你喜欢吃的水果，点击"开始种植"；会出现距离获得几斤水果只差最后一步的提示，然后点击"去种树"；出现给果树浇水后果树成长的提示，鼓励你每天来果园给果树多浇水，获得累计奖励；最后是完成任务的各种办法。

这款游戏是拼多多助农频道的神助攻，类似QQ的偷菜游戏，想当年很多老友半夜不睡觉，调闹钟起床偷菜的经历还历历在目，这就是游戏的魅力。当我最终得到3斤新鲜的杧果的时候，那种虚拟游戏与现实收获高度融合的喜悦感令人久久不能忘怀，读者朋友可以参与整个游戏的流程，深刻体验一下这种爽快感。（见图2-21和图2-22）。

图2-21　免费领水果小游戏图示一

图2-22　免费领水果小游戏图示二

从"促活"开始到"促活"结束

1. 红包就是社交货币

在移动互联网环境下，任何APP的推广都离不开红包，从打车软件到知识付费，从生活娱乐到社交电商……

中国是讲礼制的国家。礼制发展到今天已经成为普通人社会生活中的准则，具体应用就是礼尚往来，礼物经济是中国商业模式中特别的组成部分，社交化的破冰工具就是礼物，礼物价值最大化就是红包。红包是人们日常生活中最重要的社交货币，红包成为中国人的超级符号，尽管纸质货币大幅向虚拟的电子货币转型，但依然采取古老的红包样式设计，以激发人们的欲望。

在拼多多所有的分享中，随处可见带有红包标志的链接，利用红包这个元素以及红包里包裹的消费者利益进行社交裂变，可谓畅通无阻。（见图2-23）

"促活"，就是促进用户活跃。红包在"促活"过程中起到两点作用。第一，分享的原始动力。无论是送出红包还是得到红包，用户始终被利益牵引，利益起到了催眠的作用，用户在利益驱使下会果断进行下一步操作，这让链接在社交网络里获得了绿灯效应，快速被传递到不同的圈层。

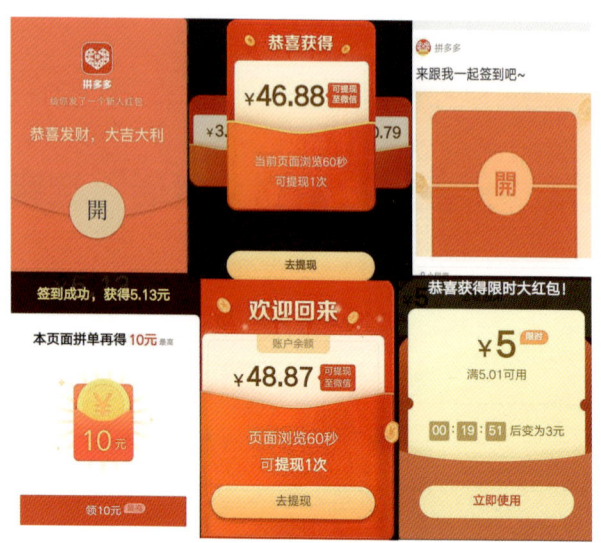

图2-23 拼多多各类红包图示

　　第二，即时的获利，会减少网购的成本压力，让买到就是赚到成为真实的体验。"剁手"这个词是淘宝"双11"的"发明专利"，其本意是调侃过度购物的行为。在拼多多平台，很少有用户会出现这种感觉，因为除了平台低价策略外，各种红包返利、返现金的补贴手段大大降低了消费成本。

　　红包的利用还体现在直播间内，后文会有详解，无论是在静态的商品场景还是在动态的直播场景，只要涉及互动与社交，红包就是一种不可或缺的催化剂。

2. 巧妙的双价格标签

　　打开拼多多任意商品详情页，都会出现"单独购买"及"发起拼单"两个价格标签，我认为这是"锚点效应"的经典应用。

所谓锚点效应，就是你若想9元成交一件商品，就要设置一个10元的价格标签，最终用户往往会选择9元这个价格。价格锚点的逻辑，就是让消费者有一个可对比的价格感知，从而选择性价比高的商品，当然这个性价比高一定是可感知的，是价格便宜，而不是便宜货。

用户为何愿意拼团？这是因为，如果单独购买则需支付更多的现金，在不是非常迫切购物的情况下，人们大都会选择更节省的方式。

双标签的价格锚点也是促使用户拼团的核心理由，这一巧妙的设置，培养了用户"一定拼"的行为动力，而只要拼就有破圈裂变的可能。

3. 天天"双11"

马云说过，"双11"是属于全社会的，尽管淘宝创造了这个购物节，但近年来的大促活动，包括"618"其实已经不分线上线下了。实体店俨然已把这两个大促当作自己的活动，其优惠程度甚至超过了传统的"店庆""周年庆"等活动。

打开拼多多，用户会发现，"促活"从开屏到退出，反复穿插在每个购物场景之中。在本身就很低价的基础上，叠加了如此多的促销活动，用户基本没有犹豫的空间，优惠程度可谓天天"双11"，尤其是对传统网购的消费者而言，对比更加明显。（见图2-24）

图2-24　拼多多大促券图示

4. 把优惠做到极致

9.9元特卖、砍价免费拿、一分钱抽奖、品牌清仓、名品折扣、限时秒杀、红包抵现等特别显眼的优惠活动，轰炸式地呈现在用户面前。重要的是，这些活动都能被用户感知，用户能收到真实的反馈及获得真实的好处。

诸多的优惠活动把拼多多平台变成了一个特卖场，其不仅复制了线下实体店的场景，而且结合社交裂变的手段，为的就是与传统购物卖场抢夺用户资源，把日常购物搬到线上来。

拼多多推出的百亿补贴专区，几乎都是线下卖场的知名品牌，但价格有明显的优惠幅度。当淘宝购物成熟起来以后，人们热衷于线下体验、线上购物，明显的价差迁移了数以亿计的用户规模。

如今的拼多多也在重复这条发展路径，之所以能推出令人咋舌的优惠幅度，主要是因为F2C模式，拼多多与传统网购平台的供应链体系发生了巨变，拼多多的生态链源头多以工厂为主，掌握了上架商品供价主导权，商品的溢价部分只在流通环节产生。

而供应商的生存逻辑依次是：确保流水线运转、以微利策略强化竞争壁垒、以薄利多销手段赢利。这种"平台（流量）+工厂（好物）+拼购（批发）"的模式让拼多多有足够的能力发挥低价优惠策略的优势，取悦消费者。关于供应链，后文会有独立章节详述。

5. "穷人"也囤货

在物资匮乏的年代，人们有机会遇到商品，总是想办法囤积起来，以备度日所需。经济发达后，人们遇到打折降价商品也会囤积。前者主要是由对匮乏的恐慌引起的，后者是由价差诱惑引起的，两者属于两个不同的时代，人们购物的动力是不一样的。

2017年，世界不平等研究机构（World Inequality Lab）发布了《世界不平等报告》，报告显示中国居民收入不平等水平处于世界倒数第7位。该报告的数据指出，中国最富裕的人（约占中国人口的10%）的收入占GDP的比例达41%，不够富裕仍然是我国的主基调。通过对拼多多用户画像进行分析，发现这个群体属于"精打细算"族，节省成为他们生活中的一项技能。正像有人评论的那样：他们想要的不是3 499元的旗舰手机，也不是1 500元的扫地机器人，更不是600元的天猫长款大衣；他们想要的是

1 500元的大屏、大电池容量的手机，29元结实耐用的甩干拖布，99元还包邮的流行大衣。从企鹅智库数据来看，高达40.1%的用户是因为便宜而囤货的。（见图2-25）

图2-25　拼多多主要商品购买原因图示

对很多人来讲，拼多多的出现，几乎等于百年不遇的一波福利，实现了他们第一次网购的梦想。他们自然也愿意以囤货的方式购买一堆生活必需品，自用或者当作礼品送出去。

拼多多成为拉动内需的主流电商平台，在这之前，下沉区域的商品SKU远低于一、二线城市。拉动内需的本质是下沉，由于供给方式、渠道方式、传播方式等多种因素，传统商业的下沉成本很高，造成了商品售价与购买力不匹配，难以提升下沉区域人们的生活水平。拼多多通过"买得到"实现了下沉市场第一轮的消费升级。

6. 省钱就是赚钱

"省钱就是赚钱"是一句经典的推销话术，省钱是个机会，遇到限时限量打折活动，用户确实能节省很多支出。但这样的活动一般都只在特定时间内发生，比如"618""双11"等。前文谈到"天天'双11'"，拼多多创造了一个超级特卖场，形成了强大的"够便宜"认知，一有购物需求就会上拼多多，"前半辈子"所有的购物支出账目都被刷新了，大大压缩了生活成本。

重要的是，这不是一时一地的省钱，而是在有限的生活预算下，整体变得宽松了，对于拼多多用户而言，消费支出减少就是赚钱。

在省钱就是赚钱的观念推动下，拼多多逐步从"五环外"的市场渗透至"五环内"。经过"农村包围城市"的原始积累阶段后，开始了向一、二线城市迈进的战略。

我们来看一组数据（见图2-26），在各级城市用户渗透率上，相比于其他电商，淘宝在一、二线及低线城市的渗透率均处于领先地位，淘宝在一、二线城市的渗透率略微高于低线城市。拼多多在全体移动网民渗透率上仅次于淘宝，但是低线城市渗透率相比一、二线城市更高，达到39.5%。

从竞品安装比例来看：其一，拼多多用户中高达80.1%的用户是淘宝用户，用户重合度很高，对于用户钱包的争夺也将愈加激烈。那么对于拼多多来说，提高用户的忠诚度，增强"锁客"能力便显得愈加重要。其二，京东用户中高达46.6%的用户使用拼多多，而拼多多用户中只有37.0%的用户使用京东。拼多多对于京东用户具有较强吸引力，而京东对拼多多用户的吸引力较弱。

这些数据侧面反映了即使追求高品质的用户（京东用户），也会在部分商品上追求更高的性价比。低价对很多人来说依旧是具有足够吸引力的策略。这一点就比较意味深长了，低价商品在其他平台属于"钩子商品"，是用来促销及引流的，但在拼多多却成为"常规产品"，这在对用户的刺激及争夺上，彼此水平高下立判。

图2-26　拼多多在不同等级城市的渗透率及用户竞品安装比例图示

新场景、新流量、新品牌

1. 新场景，由产品到品牌

我们先来回顾一下拼多多的原始购物场景。大约在2015年，淘宝战略升级，严控卖家的商品，一大批低端商家外溢，几乎都去了拼多多，为拼多多提供了供应链基础。另外，多年号称"便宜"的淘宝由于失去了"低端卖家"的支持，也变得不便宜了，相应地，"低端买家"的选择自然也落在了拼多多平台。

正如黄峥早年说过，我们只做"五环外的生意"。因此早期的拼多多平台就是将低端供应链与三线城市以下的消费者进行捆绑的电商平台。

2018年末，拼多多推出新品牌计划，切入生产端，直接对接工厂。这在很大程度上是拼多多出于自己掌控供应链的需要。毕竟京东已经牢牢占据了3C（信息家电）品类的供应链，而天猫牢牢掌握了服装品类的供应链，将各大品牌收入麾下。

拼多多将目光聚焦在了那些具有批量生产能力却没有自有品牌的制造企业，通过C2M（Customer To Manufacturer，用户直连制造）的方式，鼓励这些制造企业生产自有品牌产品，并借助拼多多的平台进行品牌的推广和产品的销售。

平台想有更大的发展，必须计划往具更有高消费水平的城市中心发展。据Quest Mobile的数据显示：目前，拼多多在一、二线城市的占比已接近50%。我相信，这依然是足够便宜带来的势能优势，毕竟不差钱的人总是少数，在验证了平台产品品质以后，没有人会为同样的东西而多支出。

拼多多从一个"边缘人群买边缘产品"的平台，安全地快进到"主流人群买主流产品"的平台，只用了三四年的时间。

但中心城市的消费文化与下沉区域还是有很大区别的，拼多多首要解决的问题就是商品品牌化，为此拼多多的"百亿补贴""品牌馆""全球购"上线了，其涵盖了很多用户非常熟悉的大品牌及海外精品，这些商品很好地满足了具有较高消费能力的人群的需求。知名商品依然采取了"低价+拼购+砍价"的社交游戏玩法，相同的名品在拼多多平台体现了"全网最低"的购物认知。（见图2-27）

这里需要读者注意，不知不觉中，拼多多的商业场景已经发生了变化，由下沉到上浮，成为绝对的主流电商平台。

由此，拼多多从服务"五环外"的商业场景逐步向服务"五环内"延伸，升级了一个新的购物场景，省钱理念继续延续，拼多多成了名品全网比价的平台，收获了大批一线城市用户。

拼多多商品品牌化为商家打开了一个新的场景，也倒逼原有的商家重视品牌建设，从产品到爆品再到品牌，这是社交电商的一个演变周期。这个新场景的社会聚合能力更强。品牌是工匠精神的具体体现，也是用户至上的具体体现，具有品牌意识的供应链才能研发制造出更好的商品。

图2-27　拼多多商品分类图示

众所周知，拼多多前期的发展经历过一个销尾货阶段，与所有的平台一样，这是初期发展绕不过的一个门槛，全世界电商的发展都遵循这个从粗略到精细的规律。如今，拼多多正在逐步升级成一个全新的商业场景，改变供应链模式，为有品牌意识的品牌，或小众工匠品牌甚至设计师品牌，提供一个巨大的发展空间。

2. 新流量，从"五环外"到"五环内"

消费者在哪里，流量就在哪里。拼多多的初衷是服务更广大的消费者。截至2019年上半年，拼多多平台一、二线城市用户的GMV占比攀升至48%，较当年1月份的37%迅速提升。正如拼多多创始人黄峥在财报电话会议上表示的那样，拼多多并未改变用户发展战略，一、二线城市用户数量的强劲增长，是因为平台始终专注于用户需求，将用户利益放在首位。

当拼多多将目标用户扩展至一、二线城市后，势必带来新的流量。从全网角度看，传统电商占据的是一、二线市场，而拼多多占据的是三线以下的市场。但市场分级并不是单纯的地域之分，严格讲是购买力、低价购买习惯、贪便宜心理决定了用户的分布。

吴伯凡提到拼多多的"客户棱镜"概念，就是能让你在大标签（label）的"旧客户"身上折射、解析出一个个新的小标签（tags），你可以用新的"货"、新的"场"，将隐匿、禁锢在"旧人"标签上的"新人"标签释放出来，然后用新的"人、货（商品）、场（场景）"在旧市场中重塑一个新市场。

用这句话理解拼多多，得出两个结论：一线城市也有三、四线消费人群；高端消费人群也会有很多追求低价的消费场景。

拼多多能如此迅速地从下沉区域延伸至中心城市，借助的是供应链带来的商品低价能力、社交裂变的传播能力。

拼多多品牌化策略下的城市社交拼购刚刚拉开序幕，更多的"大城市"人群慢慢习惯了这种购物方式，毕竟省钱才是硬道理。特别是受疫情影响，城市家庭消费预算吃紧，是否便宜成为购物的心理首选项。

拼多多城市化战略渗透，将会对传统电商的核心区域产生极大的影响，改变更多消费者的购物路径、购物习惯。所以，拼多多凭借其社交优势使新一轮流量蜂拥而至。

对于入驻的商家而言，要想抓住这一波流量红利，需要考虑的是品类升级、产品升级、设计升级。

（1）品类升级

当我第一次使用洗衣凝珠的时候就上瘾了，我感觉这个小东西简单、方便、好控量。相比于传统的洗衣粉及洗衣液，其有着天然的优势，使我以后告别洗衣粉了。这就是品类升级，品类升级不是凭空臆想一个发明出来，而是在大众认知的前提下，通过认真调查，发现传统产品的不足，这种不足可能来自技术层面、设计缺陷、消费升级需求等。找出原因，对原有产品进行升级改造形成创新型品类，注意是创新型品类，不是绝对不一样的东西。这样创新的品类能很好地降低同质化程度，增加竞争筹码。

（2）产品升级

田忌赛马的故事讲到，田忌用下等马对抗齐威王的上等马输了，用上等马对抗齐威王的中等马赢了，用中等马对抗齐威王的下等马又赢了，结果二比一赢了这场赛马。产品升级重要的是感知的升级，做到在原有基础上改变，给消费者带来超值的消费体验。正如田忌赛马一样，产品段位及定价段位是有迹可循的。我曾经与专家一起拆解过某知名电器爆品，发现它是以中档配置、低档的价位进行市场竞争的，我认为这是正确的。中配低价策略符合消费升级下用户对产品的超预期心态，同时也满足了他们的体验感。

（3）设计升级

中国电商发展了近20年，这是一个相当成熟的行业，网购人群对商品的认知几乎都来自宝贝描述，设计是打动人心的起点，甚至是终点。

许多入驻拼多多的商家来自工厂或者批发档口，电商团队不够完善，这会严重影响消费者的购买决策。从平台角度分析，拼多多提供的就是"硬件+软件"，硬件就是产品，而软件就是内容，内容的好坏是由策划、设计决定的。

设计体现了产品的价值，也决定了传播的效率，同时，设计是产品品牌化的第一步，好的设计能提升产品的"颜值"，更能增加品牌感。这几年提倡的颜值经济本质上是"买珠还椟"的升级版，我在各种场所多次强调颜值的重要性，因为人们已经从产品需求上升到追求更高的附加值，附加值就包含了颜值。

这里的设计包含两个方面：产品本身的工业设计和宝贝描述的内容设计。这两个方面都还有极大的提升空间。

3. 新品牌，制造业品牌崛起

前文多次谈到的F2C，指的是Factory To Customer，即从厂商到消费者的电子商务模式。厂商多指制造端，具备研发能力的机构。

在传统商业链路中，工厂只负责研发制造，不涉及流通环节，更没有品牌可言。这几年流行的去品牌化理念，本质就是好物营销，鉴别能力逐渐提升的消费者甚至能够计算出一件商品的广告成本，他们非常清楚购买的是产品，不是广告，所以产品力是决定成败的关键，而决定产品力的源头就是工厂。

传播越发达，路径就越短。根据长达十年的品牌策划经验，我发现中国的很多品牌都是渠道品牌。过去，凭借代言人的强大影响力，密集广告投放打开了知名度，然后依赖招商活动发展，品牌方并不负责终端零售。

我们能看到传统商业是由工厂、品牌、渠道、零售、消费者几个利益相关体构成的。电商模式直接将品牌与消费者链接，而拼多多直接将工厂与消费者链接。这就是我多次强调"低价能力"的理由，请读者记住：把产品做便宜了，是一种能力。

从成本角度解析，整个链条中，品牌塑造的成本最高，其次是零售端，假如去掉这两个环节，商品的定价等于成本（生产成本+营销成本）与利润之和。这样商品到达用户的手中就会变得非常实惠，所以F2C是优化社会交易结构中路径最短、性价比最优的模式，没有之一。

但是传统工厂没有流通渠道，营销是工厂的劣势，工厂的组织架构以研发、装配、灌装为主，它是一个追求产能效率的管理型组织。工厂自主创造品牌的成功率很低，即使成了所谓的品牌，也失去了性价比、竞争力。因此，工厂需要一个营销赋能平台协助它走向市场。

拼多多就是这样一个综合赋能平台。毋庸置疑，产品就是品牌，购买者的决策心理是现场感，记得某日本作家在一本内容涉及"无店铺销售"的书里，提到一个关键词：家庭主妇品牌。大致意思是，我们每个进场购物的消费者，购买前都会有2～3个意中品牌，但往往出来的时候，手里提的都不是目标品牌。这是因为购买者在现场受到产品、促销、体验的影响，当下做出了购买决策，想想我们提到的拼多多购物游戏化、社交化的场景对购物决策的影响，不难判断其杀伤力大小。可以做个小结：工厂+拼多多=工厂品牌化。

人货场的模式同样适用于品牌化塑造，在这里，"货"指的就是产品本身，"场"指的就是拼多多，"人"就是追求性价比的消费者，人货场的重新组合会演变为新零售，也会演变为新品牌。因此，在我看来，工厂可由原来的制造端跃升成为品牌端，让制造与流通、消费融为一体，进一步以短路径的商业模式优化这个社会的交易结构，推进效率革命。

经过了几十年的发展，国内的制造业技术实际上并不差于国外，大量的国外大牌商品实际上都是由国内成熟工厂代工的。而依托拼多多的数据指导，这些产能能够有效转化为自有制造业品牌，能够提供给国人去除品牌虚拟溢价的消费价值。

我们可以联想起日本著名的连锁店——无印良品。其创始人就是秉承做好产品的理念，将该品牌打造成了优秀的门店品牌之一。只不过无印良品采取的是成本更高的"货+店铺"的模式。今天中国的工厂可以按照成本更低的"货+电商"的模式，开创工厂品牌新时代。

第六节

把平台当作工具、渠道、流量的整合体

很多人把平台理解成了商业模式，在我看来，平台最大的价值是营销工具、流通渠道、流量入口。商业模式是平台自身的定位，附着在平台之上的只有供需关系以及市场规范与技巧，这个规范与技巧跟我们在菜市场摆摊要遵循市场管理章程的道理是一样的。

一个优秀的平台，总会有很多高大上的包装，即通过各种传媒手段，渲染神秘化的色彩。围绕着这些包装，很多人总是习惯性地随大流判断平台的作用，稀里糊涂地进驻一个平台。

对于任何一种商业模式，经营成功者总是少数，失败者究其失败的原因，就是无法独立思考，从众心理严重，根本不清楚平台运营的本质，也不清楚自身核心能力，一头扎进去，结果往往是铩羽而归，输得彻底。

在这里，我给出一个方法论，教会你如何在实操前先厘清平台的作用，再审视自身的优劣势，做好运营前的一系列准备，打有把握的仗，有的放矢提高成功系数。

从工具、渠道、流量三个维度进行研究，抽丝剥茧式地厘清平台的价值，非常有助于我们认清平台的属性、平台运营重点、平台对营销的核心价值。这样才能够化繁为简地制订商业计划、储备资源、组建运营团队等，从而有效、有目的地开展运营工作。

1. 把拼多多当工具使用

拼多多对于商家而言，首先是营销的工具。前文提到拼多多社交电商的各种"神操作"，比如砍价、秒杀、拼购等。试想一下，这些裂变拉新、促活留存的各种手段是不是都不陌生，无论是线下还是线上的传统电商都接触过非常多类似的方法？只不过，基于社交电商的属性，拼多多通过小程序的方式把这些手段进行了有效的打包，形成了一个工具包，省去了商家自主开发的工作，通过拼多多小程序就可以轻松使用。

这些被反复验证有效的工具，帮助商家打造了一整套营销组合拳，省去了大量开发工作、创意构思。这个工具包，极大地提升了营销的效率。

人与动物的区别就在于人会使用工具，商业的发达与商业的工具化密不可分。举个例子，派发传单是线下实体店拉新的工具，这个被使用了几百年的方法还有多少效果，恐怕每个人都心知肚明了，但依然没有被商家舍去，足以证明工具是营销起点。

一个商业平台是否拥有更多适应当下传播环境、传播习惯的工具，以及工具的优劣，是判断该平台价值高低的第一原则。

拼多多起于社交电商，社交的本质就是熟人私域流量的激活。激活需要更为人性化的工具设计，这些工具必须符合人性、符合场景需求，能激起共鸣，这样才能有效触达并激活用户参与，直至形成购买。而拼多多正是凭借这些工具开疆拓土，成为社交电商的第一平台。

对于普通商家而言，营销模式如何，先不去做过多的考虑，我们要学会分析其工具，只要能找到得心应手的工具，营销就成功了一半，分析拼多多工具如何应用比分析其平台规则更重要。

2. 把拼多多当渠道利用

线下实体店的招商加盟及线上淘宝店的分销模式，都属于拓展渠道的行为。渠道是商品流通的前哨，近年来流行的"新零售"概念，强调企业借助互联网工具，采取营销短路径策略，离消费者越近，越能获得成本优势及数据反馈优势。但我原则上不建议商家自建F2C模式，道理很简单，由于垂直类电商属于孤岛模型，商家获客的成本要远大于商品的利润，特别是在社交环境下，品牌专卖很难行得通。

前文提到的F2C指的是平台与消费者的关系，不包括商家，如果把整个链路全部呈现，应该是B2F2C（business to factory to customer）的模式，在B2F（business to factory）这个环节，F就是商家的渠道方。

所以把拼多多当渠道利用，就要研究拼多多的渠道价值。拼多多的供应链端，有新旧两个不同的选品阶段：库存尾货阶段、创新制造阶段。前一个阶段帮助工厂去库存化，后一个阶段才是焕发生机的时刻，当然两个阶段一定会存在交叉期。

我对渠道价值的判断基于三个维度：市场覆盖率、市场渗透率以及市场时效性。

（1）市场覆盖率

市场覆盖率指的是平台的服务体量，即能满足多少人的网购需求。2019年，拼多多年活跃买家数达5.852亿人次。2020年4月9日，第三方数据平台APP Annie发布的2020年第一季度全球热门应用榜单显示，拼多多MAU（Monthly Active Users，月活跃用户数量）已经超过了淘宝。正如拼多多广告中所说，有6亿人在此拼团。就市场覆盖率而言，我常年生活在制造业发展迅速的广州，身边做淘宝、京东电商的朋友远多于拼多多，几乎不需要数据分析就能判断，拼多多平台作为渠道具有巨大价值，在6亿人的消费规模中任何轻微的消费升级，都是一个巨大的需求红利。

（2）市场渗透率

市场渗透率指的是更具规模的下沉能力。随着中国快递行业深入村镇的庞大网络的建成，千元智能手机及移动支付的普及，中国的移动互联网几乎是在"一夜"之间建成的，它绕过了PC时代的各种不便利。PC是以家庭为单位的网购终端，而手机则以个人为单位，精细化方面上升了一个等级。拼多多正是借助移动互联网用户的激增，凭借其强大的低价策略，才实现了自下而上的渗透。

这种渗透，将商品推向了一个更为广阔的区域，这一点非常重要。我多次强调，中国消费品的竞争本质上是同质化的竞争，所以降价从来都是管用的，而同质化又分为技术同质化及渠道同质化，技术层面不是短期内能解决的，只能依赖渠道创新。渠道创新不是停留在经营理念、服务理念层面，而是体现在更具规模的下沉能力。

因为足够下沉，拼多多唤醒并聚拢了数以亿计的消费群体，他们在从消费到消费升级的发展过程中孕育了庞大的市场机会。

（3）市场时效性

市场时效性指的是渠道的反应速度，即用户从下单到收到货品所用的时长。这对电商来讲，是衡量用户体验感最重要的指标。网购用户在支付后都会有期待感，希望马上就能收到货。这就要求平台对仓储物流方面的管理能力不能太弱。在时效性方面，拼多多商家多以淘宝卖家为主，在商家内部早已建立起完善的接单、打包体系，对接的物流公司也与淘宝商家并无二致，同时，由于拼多多平台涌入了很多以工厂为主的卖家，他们在物流发货方面，具备更宽敞的环境及足够的人员配置，因此，时效性也与淘宝没有丝毫的差别。

3. 把拼多多当流量入口

近年来，转型及迭代的呼声不断，传统商业模式遭受很大的压力，流量枯竭，是摆在眼前的第一问题。我们讲，用户在哪里，流量就在哪里，这里需要做一个判断，拼多多的用户是不是你的目标用户？如果不是，那是定位、品牌溢价、购买力的原因吗？我给大家一个预警提示，目前需要放弃的是原有的定价策略。在电子商务刚刚步入正轨的时候，几乎所有人都判断，服装这个品类做不了电商，因为要体验，要试穿，结果服装却成为淘宝的第一大主营品类，究其原因就是降价，服装电商采取了"成本+利润"的定价策略，抛弃了定倍率这一手段。

低价策略是去中间化短路径商业模式的保障，随着传播技术的进一步发展，"中间商"这个职业怕是要逐步退出舞台了。去中间化不是趋势，而是事实，正如马云所说，不是实体不好做了，是你的实体不好做了。这句关于新零售观点的证词，体现了短路径一定是零售的核心。因此，我建议，既然流量枯竭，商业难以为继，能做的就是重新定位，以用户为中心，以购买力为参照物，对产品、对商业模式、对渠道、对流量进行迭代优化。

在拼多多平台成就体量，打造自己的低价能力，是在相当长时间内，考验企业实力的风向标。

库存尾货、新品牌、转型品牌如何获取流量？在从市场的覆盖率及渗透率角度分析拼多多渠道价值的时候，已经给出了部分答案。那就是，拼多多是一个巨大的流量入口，它是培养种子用户的基地。

把拼多多当作流量入口，这是从观念角度抛出的方法论。因为，我通过调查发现，非常多的商家只有卖货思维，没有流量思维，没有认真思考过平台的综合价值。这会导致其在社交电商的发展中失去竞争力。

CHAPTER 3

第三章

讲透拼多多画像

本章主要讲述拼多多生态涉及的三种利益相关者：商家、消费者、主播。这三者构建出一个全新的人、货、场关系。

　　本书的核心在于讲述直播，但直播不是一个孤立生存的业态，它需要一个完整的系统为其赋能，包括平台、商品、用户等。直播与消费者建立了一个人找人的新消费场景。这个场景充分体现了当下消费者的购物特征：娱乐性、科普性、推荐制、商品IP化等。

　　我们会发现这样一个现象：有人第一次购物居然是在直播间，而有人第一次卖货居然也在直播间。这就意味着，某些商品与某些消费者的链接器就是直播，直播以更短路径实现了人、货、场的商业闭环。

　　对三种利益相关者的画像进行分析，能帮助我们更好地理解这种闭环是如何实现的，以及每种身份如何更好地扮演自身的角色。

拼多多商家画像

1. 商家路径

（1）传统电商卖家转移

前文提到淘宝商家外溢，那是因为淘宝逐渐去"便宜"标签，驱除低端卖家。但低端供应链不会因为平台的驱赶而消亡，产业需要一个出口，拼多多几乎成为它们唯一的选择，这也成就了拼多多早期的供应链基础。而当便宜成为平台标签以后，更多的商家依据平台消费力水平，优化了新的供给模式，或举家迁移，或部分生产线专供，或部分SKU专供，扎根拼多多。

（2）首次成为电商卖家

许多从未有过触网经历的传统线下商家，在遇到各种经营危机以后，谋求线上突破，大都选择把拼多多作为渠道，这是因为传统电商平台不仅门槛高，而且对商家的综合营销能力要求更高，对于初触网的商家而言，这是无论如何都达不到的，他们能提供的就是产品，他们需要平台完成营销的工作。本书前文讲到的把平台当工具、当渠道、当流量入口，指的就是拼多多承担了商品销售的工作。

拼多多由此构建了一个以"够便宜"为标签的社交电商生

态，对所有商品的定价画出了一道红线，商家在这条红线的内侧进行产品研发及成本控制，一切都是为了商品在全网范围内具备低价竞争优势。这一点非常重要，黄峥多次在公开场合讲过：拼多多就是迪士尼+Costco（好市多）。把自己形容成迪士尼就是平台产品游戏化思维的体现，而Costco的模式几乎等于低价策略。尽可能以最低的价格提供给会员高品质的商品，是Costco一向秉持的经营理念。

我认为，在如今的商业短路径环境下，商家必须通过这项低价策略，从原材料、研发、加工等各个环节优化自身的资源配置，强化自身的管理能力，更好地适应互联网高速迭代的节奏，只有这样才能提升整体竞争力，充分发挥竞争优势。

2. 商家标签

下沉市场的崛起与否决定中国内需市场规模的大小。但任何市场的成熟都需要信息流、物流的高度配合，在中国基础互联网体系、运输体系、线上支付体系建设完成之前，拉动内需无法得到有效执行，只能停留在政策导向层面。

淘宝村模式出现以后，似乎有望开始市场下沉，从而实现拉动内需的目标，但传统电商并没有转变思路，没有认真研究下沉消费人群的购买力，传统线下与传统电商的产品售价几乎同款同价，致使线上购物的优势越来越不明显。

移动互联网的普及、在线支付与快递运输行业的高度发展使下沉区域巨大的消费需求被唤醒，拼多多需要海量的货源来填补这个空白。传统品牌受渠道及定价限制，无法在价位上满足目标人群的购物需求。而拼多多将目标瞄准了拥有海量货源的制造端、批发端及原产地，建立了坚实的"拼字头"的供应链方。

（1）拼工厂

工厂直接绕过了品牌方、渠道方及零售方，通过拼多多将商品直接送到消费者手中，依靠强大的平台流量及拼购小批发模式，迅速将堆积如山的库存商品销售出去。同时依据终端销售数据，开始了新一轮研发制造。

（2）拼档口

传统商业的盲目采购、囤货，致使大量优质产品滞留在以批发城档口为主的渠道之中。国内的批发模式也是分级的，一般由一批、二批、零售组成。批发是一个层层加价的生意，每到春节放假，很多在一线城市工作的人都会发出"老家小县城的东西真不便宜"的感慨。加价意味着无法走量，这就自然会产生库存现象，拼多多的拼购也是批发生意，但其是批发式的零售模式，让消费者享受一件也批发的价格优惠。对于批发的总源头来讲，都是批发，一个能跑量，而另一个会产生库存，档口主选择拼多多渠道就成为情理之中的事。

（3）拼农场

农产品减产亏钱、丰收也亏钱的现象已不足为怪。这是因为中国的农产品市场一直缺乏有效的渠道通路。农产品的季节性极强，必须提前做好预售，从收割到销售的周期非常短，卖得出去就是畅销，否则就会一文不值。另外农产品采取的是集合贸易批发模式，从原产地到消费者手中，一般都会成倍加价，这会使消费者的购买积极性降低。所以预售、信息及时、原产地供货成为农产品畅销的关键因素。

拼多多就推出了"一起拼农货"的活动，通过改造供应链、压缩整个供应链环节的方式，让农民、消费者、平台能够实现多赢。这种产地直发的方式，将供应链压缩到了最短，同时拼多多平台巨大的流量带来的巨大的订单量，使规模效应更加明显，并且大幅降低了流通过程中的成本。

我们在"游戏化升级"章节中提到的多多果园的模式，就是拼多多为助农发起的公益性活动，也是拼原产地供应链的一种方式。

（4）拼品牌

一个新的拥有较大流量的渠道往往会创造很多新的品牌，拼多多作为近几年极速成长的一个新电商渠道，自然也创造了很多依托拼多多平台快速发展起来的品牌。纸巾品牌可心柔和植护便是其中的代表。在传统的纸巾行业中，心相印、清风、维达、洁柔四大品牌牢牢把持着40%以上的市场份额。传统货架电商时代，依托品牌先发优势和渠道资源优势，这四大品牌进而将这种市场份额上的优势转移到了线上。

就在这个看似密不透风，甚至本身还处于红海竞争的市场里，可心柔和植护依托拼多多平台的"拼品牌"闯了进去，一边依靠拼多多的爆品，一边依靠原料纸厂理文集团，将纸巾价格杀到了0.01元/张，比市场上原本的主流价格低60%，但在质量上却并不逊色，最终成为纸巾市场的新品牌。

从这个案例中，我们可以看到，在某些看似竞争激烈的行业中，依然可以诞生新的品牌，可以容纳新的竞争者。

（5）拼手艺

这几年设计师产品不断得到演化，在同质化过度严重的消费品市场，追求特立独行已然成为消费的趋势，养活自己也成为一种时尚的职业规划。高手在民间不是一句空话，许多有创造能力的个体，正在通过社交电商把从爱好到商业变成现实。

基于拼多多平台的游戏属性及娱乐精神，我认为非工业流水化设计的个人作品，尤其是文创类的商品定会大受欢迎，一个超级电商平台在处理好刚需商品的供给关系后，一定会满足消费升级对精致主义的需求。

拼多多消费者画像

1. 两组画像方法

（1）大数据方法

传统CRM（Customer Relationship Management，客户关系管理）系统大数据方法通过性别、年龄、职业、收入、爱好等几个维度来理解用户画像，这是一种粗放式的大标签。按照这种标签，全世界只有为数不多的几类人，但事实上，即使是生活在一起的双胞胎，也有很多细微的差别，这些差别在购物决策时往往起到决定性的作用。按照粗放的大标签指引，固有的渠道思维出现了，比如淘宝用户、京东用户、唯品会用户等。假如这些渠道与用户画像是100%贴合的，就不会有拼多多的出现。但恰恰是在电商巨头的眼下，一个巨型的社交电商平台脱颖而出，这个平台的用户包括从未网购过的新人、淘宝平台转移过来的新人、京东平台转移过来的新人等。同样是电商购物，为何称他们为"新人"呢？这是因为在拼多多平台，他们有了不一样的用户画像标签。

（2）小数据方法

近年流行的大数据思维是基于定位理论对用户进行画像及描述的，但这些数据通常都是展示给你看的，并不能窥探到用户的内心。美国作家马丁·林斯特龙在《痛点：挖掘小数据满足用户需求》一书中说，小数据，是能呈现我们真实内在的一些个人化的东西，比如习惯、喜好、情绪等。这个"小"，有两层含义，一个是微观，是通过对人的细节观察得到的，比如一个手势可能表现出了一种情绪，一个习惯可能暗含了一种心态——这都是一些很抽象的东西，没法通过传统意义上的数据统计来体现。"小"的另一层含义是样本小。大数据会搜集成千上万人的信息，但小数据可能只需要搜集十个人的信息就够了。虽然这看上去太个性化，提供的信息数量也有限，但它们经常和社会文化、社会背景有关，剖开现象看本质，深入分析，能发现它们其实代表了人的很多共性。

"贪便宜"这个标签就是很普遍的共性。可以用追求性价比的2.0版来形容：追求极致性价比。我们经常在拼多多平台购物，不仅能感觉到便宜，而且会觉得便宜得很离谱，这是商品品质与其价格之间的巨大差异带来的体验感。

贪便宜是无法用大数据分析的，需要用小数据的洞察力才能观测到。

2. 拼多多消费者典型画像

（1）主流画像分类

梁宁曾经对京东的大明用户、淘宝的笨笨用户和微信的小闲用户三类经典用户进行用户画像。

大明用户有什么特点？

大明用户对自己的需求非常了解，需求非常清晰，上来就是点击搜索，在比较价格及品牌以后，买完走人，几乎不停留，几乎没有忠诚度。京东提供的都是标准品，定位于服务大明用户，因为大明用户极其简单，他们要干的事情就是两件：一是搜索自己要的，二是比价格。

笨笨用户的特征是什么？

笨笨用户的特征就是有大概的需求，但是还没有那么明确。比如女孩子去逛街买衣服，这是一个很笼统的购物目标，当到了购物街以后，她们不是直奔衣服，甚至不是直奔服装店，而是到处逛，结果可能一堆零食下肚，还没找到合适的店铺，即使最后找到了，买到手的可能也不是衣服，而是帽子或鞋子。

小闲用户的特征是什么？

小闲用户的特征就是没有消费需求，只为打发时间。如果说百度、京东服务大明用户，淘宝服务笨笨用户，那么腾讯其实就是服务小闲用户的。微信聊天、刷朋友圈都是因为闲，你玩游戏依然是因为闲。所以你在任何一个闲的时候，打开腾讯的产品一定可以帮你消磨时间。

（2）拼多多用户画像

在拼多多的典型用户里头，不是有三种人，而是人身上有三种特性，或者说是三种特性在不同人身上有不同配比，这就构成了拼多多的主体用户。通俗地说，是一个用户身上有三个"人"，而我们把这三个"人"叫作"笨笨"（对商品的认知有限）、"抠抠"（花钱小气鬼）和"新新"（对没用过的东西充满好奇心）。再通俗地讲，一个人在不同的购物需求上，有时很笨，有时很抠，有时又愿意尝新。他不是一成不变的样子。举个例子，"国民老公"王思聪发微博吐槽京东物流慢，引发网友吐槽，故事的主角是一张200元的桌子。其实生活中不乏这种经典案例，富豪们不总是大手大脚地花钱，有时也会斤斤计较起来。我长期使用最新的苹果手机，几乎每年都会更新换旧，但在菜市场买菜的时候依然是货比三家，贵1毛都要讲价，购买苹果手机与购买蔬菜正好体现了我大明、抠抠这两种特性标签。每个人都可以套用这个方法回忆自己或家人的购物经验，验证一下是不是一个人身上有多种标签存在。

（3）直播用户画像

巧妙的是，"笨笨""抠抠"和"新新"这三种用户特性都是直播电商的经典用户所具备的。首先他很闲才去看直播，通过看直播打发时间；其次直播间有那么多商品，不是每件商品他都懂，通过看直播能增加对商品的认知；再次他还想充分利用主播跟厂家压价，买到足够便宜的商品。

第三节

拼多多主播画像

1. 主播类型

　　主播按直播内容及目的大致可分为四种类型：娱乐主播、游戏主播、教育主播、电商主播。

　　这几类主播都可以按字面意思解释其作用及目的：**娱乐主播**主要为观众提供轻松愉快的节目，帮助观众解压及打发时间，一般通过打赏、接收礼物变现；**游戏主播**属于竞技类主播，向观众讲解游戏的技巧、攻略，预测游戏的胜负，跟足球解说员类似，也是通过打赏、接收礼物的方式变现；**教育主播**就是把线下交付的课程搬到线上来，改变了原来必须见面、必须有固定场地的教学方式并通过预收学费的方式变现；**电商主播**就是扮演销售柜姐的角色，通过讲解产品、活动促销等内容促使观众购买，最后通过佣金变现。

　　四类主播所依附的平台及所需的生态支持完全不同，尽管很多平台并非单一属性，会兼顾娱乐与电商的功能，也会兼顾游戏与教育功能，但平台主打内容及主播的变现侧重点还是存在很大区别，比如在拼多多直播平台谈游戏，就明显选错地方了。

　　从整个直播平台细分下去，可以看到更多、更为垂直的分类法。本书所涉及的直播内容只以电商主播为核心，主要基于"卖货""IP打造"等商业维度，不深入涉及其他类型的主播。

2. 电商主播画像

（1）主播的A面

典型的"国民级"电商主播代表就是雪梨、李佳琦、薇娅，他们多场直播带货销售额过亿元，产品销量超过很多企业全年的销量。这种魔幻般的营销奇迹，起到了直播带货示范和扫盲的作用，很多人开始觉得这个事情大有可为。

人们对电商主播这个群体的认知，开始于这些头顶光环的"大V"们，会产生这不是"一般人能成就"的误判。其实电商主播也是一个进化产物，也经历过层层历练，最终修成正果的艰辛过程。我们以淘宝平台为例，解构一下知名电商主播的几个关键发展片段。

历经"千播大战"的血雨腥风之后，传统的秀场、游戏等直播日渐式微，但电商直播却异军突起。

2016年是淘宝直播崛起的时代。

2017年，薇娅抓住了淘宝直播的新风口。凭借其高颜值、好口才，以及在服装档口沉淀已久、深谙服装行业的销售之道等优势，薇娅迅速走红。

在薇娅走红的同一年，欧莱雅美容顾问出身的李佳琦成为淘宝的美妆主播。2017年12月，李佳琦以口红试色的短视频形式入驻抖音。两个月内，抖音账号涨粉1 300万，同时也增加了淘宝直播的人气。

2018年3月8日，李佳琦5个半小时的淘宝直播卖出了23 000单，完成了353万元的成交量，"双11"期间更是成为挑战马云的"口红一哥"，全网爆红。

2019年"双11"当天的直播活动中，李佳琦直播间的播放量突破了2 400万次，保守估计成交额超过10亿元。

2019年被称为"直播电商元年"，根据淘宝公布的数据，在2019年淘宝"双12"当天，7万多场直播引导的成交额比去年增长160%。而在一个月前的"双11"，淘宝直播引导的成交额近200亿元，其中有超过10个"亿元直播间"，超过100个"千万元直播间"，预计未来三年淘宝直播将带动5 000亿元规模的成交量。

短短4年间，在雪梨、薇娅、李佳琦等人的助推和大量MCN机构的运营下，电商直播重新定义了在线购物的场景，推动了电商直播经济的发展，充分展现出了电商主播的A面。

A面具有强大的社会示范效应，引发了企业、个人对直播电商的思考、围观、参与，并形成了以直播电商为核心的初级产业带，比如直播基地的兴起、直播教育机构的兴起、直播设备器材行业的兴起等。

（2）主播的B面

深谈这些头部主播"鲜为人知"的奋斗史，最多得出一个"草根逆袭"的故事，参考价值很低。而且这些资料随处可见。

关注过直播的读者基本都会有一个共识：他们都是草根出身，在取得成就之前，并没有获得比一般人更多的眷顾，甚至直播经验、技巧、方法、理论及逻辑等重要的知识点，也都是自我探索而成。这是一个全新的事物，是一条没有石头可摸的河，在蹚过河水走上对岸时，迎来的不仅是个人的成功，更是一个新兴产业的开局。

行业有句玩笑话：一开始机构养主播，后来就是主播养机构，足见主播个人的商业价值。

直播电商，这个由个体开启的商业模式，颠覆了人们对企业、对品牌、对营销的认知，一个人在不消耗更多社会资源的条件下，居然可以超越组织的力量，这在以往的人类商业史中从未出现过。

罗振宇说，网红是人类历史上第一个不需要经过权威赋权的权威。直播电商的个体崛起与过去的成功人士有着本质的区别，后者是"资产式"成功，比如拥有企业、拥有品牌等；而前者似乎什么都没有，一支话筒、一个摄像头、一台电脑就可打造出一种前所未有的购物体验，创造出令人惊叹的营销奇迹。

人们对成功人士的关注焦点停留在其资产清单上，对电商主播的关注焦点则是性格、风格、口才、颜值、带货能力等。透过这些关注点，我们通过拼多多的"客户棱镜"方法，对主播小数据进行捕捉，试图抓住他们的一些特质，并把这些特质进行六种拟人化分类，尝试刻画出更为立体的主播B面，以便得出有参考价值的结论，并回答读者普遍关心的两个问题：都是一些什么人在做主播？未来具备哪种先天潜质的人更适合做主播？

1）秀秀

我做新媒体研究的时候，曾经特别注意一个细节，如果一个人设置了朋友圈可见权限，基本上可以判断，他与这个时代是脱离的，一个不懂自传播价值的人，既没有营销意识也无法构建出社会关系，社交货币储蓄为零。这是非常糟糕的状态。

秀秀具备外倾性人格，善于社交和自我决断，这既是一种风格，同时也是一种精神特质。敢于秀出自己，是对主播的基本要求。

秀自己不等于秀长处，我们不难发现，"秀惨、秀短"也能得到广泛认同，而且还可成就许多"逆袭大咖"。秀需要大胆展示真实，而不是"表演真实"。

社会逐渐进入一个崇尚个性的时代，张扬出自己的个性，活出自己的精彩，通常会为你赢得更多的机会。如果你总是默默无闻，没有属于自己的东西，就会走进被人们遗忘的角落。

秀秀的特质培养不仅需要练习，如同我们练习上台演讲一样，更需要勇气的内驱力加持。

2）乐乐

人们不会把一个沉闷不语的人或呆萌的宠物称为乐乐。被称为乐乐的人一般都是圈子里的开心果，能给大家带来各种欢乐。

许多电商主播的前身就是娱乐主播，从某种意义上讲，是娱乐文化奠定了主播这个职业的基础。淘宝直播负责人赵圆圆认为，直播间的粉丝可以是冲着人去的，不全是冲着东西去的。释放生活压力是进入直播间的理由之一，粉丝们希望主播给自己带来乐趣，本质上和看综艺节目是一个道理。

乐乐们具备欢乐因子，是主播讨人喜欢的重要条件，欢乐的人一般也比较喜欢秀出自己，但假如只喜欢表现，而不具备欢乐的灵魂，则很容易被人视为"霸道"，让人敬而远之。

乐乐的特质是可以通过后天培养的，卡耐基在《快乐的人生》中为我们提出了培养快乐心理的秘诀。他认为"有了快乐的思想和行为，你就能感到快乐"。并提出了"只为今天"的十条忠告（读者可自行翻阅资料）。让自己先成为一个快乐的人，才能带给别人快乐。

3）闹闹

生活中爱闹的人，有时不太招人喜欢，但在直播的场景下，闹闹可是个宠儿，能闹的人，是精力充沛的体现。很多直播平台对播出时长有特别的算法，比如在淘宝平台，每场直播就不会低于4个小时，李佳琦更是创造了长达11个小时的纪录。如果主播不具备"能闹"的精力，无论如何是吃不消的。

能闹的人，口才及肢体语言都比较丰富，直播的时候既不会让粉丝感觉单调乏味，又不容易让自己疲倦，还能调动粉丝的积极性及参与感。我通过对直播间活跃度的观察发现，行为偏闹的直播间相比温文尔雅的直播间，无论是评论数量还是刷礼物的数量，明显都要高出许多，不用看数据就能非常明显地感觉到主播的人气，这对粉丝的停留也能起到非常好的正向作用。

闹不是毫无章法地手舞足蹈，更不是无理取闹般的瞎起哄，而是有节奏地引发高潮，营造直播间哄堂大笑的氛围。

4）默默

幽默搞笑是一个绝对可以独立门户的派别。无论是令粉丝会心一笑还是捧腹大笑，都能引起关注，无论是在线下还是直播间都不会缺乏粉丝打Call。初代网红罗永浩开产品发布会，就被粉丝戏称为讲相声的。如今正式加入网红带货阵营，依然保持幽默的风格。

默默能迅速拉近人与人之间的距离，强化主播IP印象，幽默简直就是个人名片，在社交生活中占尽了优势。直播间也不例外，幽默能化解粉丝对主播、对产品的陌生感，快速建立信任，弱化许多购买障碍。

5）售售

李佳琦做过欧莱雅的柜员，这是他引以为豪的一段经历，正是这段经历，奠定了他成为"口红一哥"的基础。同样地，薇娅之所以能成为服装类主播，这跟她在服装档口沉淀已久、深谙服装行业的销售之道有着密不可分的关系。这两位主播虽处不同行业，但有一个共性，那就是有一线销售经历。

2020年的疫情令很多朋友的实体店生意停摆，在我的建议、策划下，一批店长、店员利用直播工具，在线上开展业务。令人惊讶的是，这些具备销售经验的人员，表现出了特别强的直播带货能力。比如，处于四线某地级城市的一家内衣连锁店，通过"微信社群+看点直播"的路径，发动店员、顾客通过微信引流到直播间，鼓励具有多年销售经验的一线销售员工直播，挽回了近70%的线下门店生意。

售售的潜质表现在对产品、对卖货的专业度上，即使在虚拟的直播场景下，也能惯性地发挥出其优势。变现对于售售而言是他们习以为常的本职工作。所以直播带货，售售特质比其他特质离变现更近、更直接。

6）创创

创业初期，产品就是品牌的全部，而最懂产品的就是创始人自己。创始人一般都有存量粉丝，选择直播带货成为当下路径最短、成本最低的营销模式。

对于成熟的企业而言，企业大佬在直播间直播只是他们传播或营销的一部分，直播也不会替代他们原有的营销策略。而对于新生品牌而言，直播往往是营销的全部，甚至是唯一。

直播承揽了新生品牌的个人IP打造、品牌包装、销售渠道、粉丝增长等多项重要职能，这对主播提出了更具挑战性的能力要求，因为所有的工作都需要创创独立完成。

创创最大的特质，就是身份。请谁代言都不如自己为自己代言，展示自己的工匠精神，是对产品最好的解读，也最能打动人心，更易引起粉丝共鸣。同时创业故事是最好的直播内容，不知道讲点什么的时候，讲自己就够了。

所以身份是稀缺资源，与所有的"代言人主播"不同，创创扮演了"原产地角色"，一切都那么真实，值得信赖。在"新物种爆炸·吴声商业方法发布2019"大会上，场景实验室创始人吴声提出"纳米网红"新概念：不靠人设只需真实。谁能代表真实？自然是创创，他既是意见领袖，又是研发者；既能承诺品质，又有打折权限。

以上六个画像，是我依照主播应有的内在特质，所做的拟人化的分类及概述。一个主播需要具备一种或一种以上的特质，才能确保对直播的适应性。

这是我自己的分类方法，目的是帮助大家更好地理解做主播需要具备的状态及能力。有经验的读者可以依据对自身的理解，一起来丰富这个画像的维度，越细分越能发现自己的优势。

直播是一个链接器，只要有优点就会有观众欣赏；直播又是一个放大器，主播对面坐着的是全国，甚至是全球的观众，你面临的可能是一个巨大的流量池，所以发现自己的特质、训练自己的特质，是进行人设定位的前提，不要盲目随大流，认识自己比看数据更重要。同时，电商主播一定要围绕变现思考，这也是本书重点强调的观点。

CHAPTER 4
第四章

供应链思维

本章内容讲述供应链思维，这是唯有电商类主播才会关心的话题。跟拼多多成为很多人首次网购的选择一样，直播间购物也是一部分人首次网购的选择。本质上，直播电商是用直播的方式做电商，电商是皮，直播是毛，皮之不存毛将焉附，所以我们不要陷入内容直播、娱乐直播、教育直播里去。如此，供应链就成为直播电商最重要的一环。

跟其他平台的电商主播不太一样，李佳琦、薇娅、罗永浩或者二驴常备秘密武器，就是高喊"把价格压下来"。但在拼多多生态这个压价的动作就温柔许多。因为拼多多本身就是一个国民级的"砍价师"，人们在拼多多购物基本没有消费压力，这样，直播的内容就会倾向于对产品本身的介绍，产品需要足够的卖点，需要竞争力。这就需要供应链思维来解决问题了。

本章针对达人主播，主要讲述如何选品；针对店主直播，主要讲述如何理解C2M模式优化更上游的供应链，直至生产出新品类、爆品。

浅谈消费升级

2020年6月，"摆地摊"成为全民热搜话题，不少人在朋友圈晒出了自己参与摆地摊的图片，当然很多人是为了蹭热度，自娱自乐了一番。但摆地摊可不是一个小规模生意，不然不会出现李克强总理两度点赞地摊经济、吉林省委书记巴音朝鲁给路边摊"站台"的新闻。针对地摊经济引发的热潮，我也查询了一些资料，其中微博财经博主"进击波财经"的一篇帖子引起了我的关注，这是一组很有意思的能反映当下真实中国的数据，摘抄部分如下：

①全国约有90%的人没有喝过星巴克；

②50%以上的中国人没有喝过农夫山泉；

③约有1 000万人从事足疗行业；

④约13亿人没有出过国；

⑤约10亿人没有坐过飞机。

我们国家的个人消费支出（personal consumption expenditure，PCE）指数还很低，李克强总理说约6亿人月收入仅1 000元。当生活在高线城市的人们面对旧物处理的时候，或许没有想到，这些旧物可能有过亿的人，从来没有消费过。

1. 买得到、买得起就是消费升级

什么是消费升级？不同区域、不同收入的人都有自己的判断标准，但最核心的标准只有一条：买得到、买得起。换句话说，你眼里的低端货在别人眼里可能很高档。

对于低线区域的消费者而言，拼多多就是他们买得到、买得起的超级市场、购物天堂。拼多多把更优惠的产品推送到目标用户手中，这个优惠的力度不仅仅是从平台竞争角度出发的，而是对目标用户做了深度消费数据分析。在没有拼多多之前，低线城市人群买到手的大多是售价非常不合理的商品，甚至是假货、劣质货。

2. 消费升级不等于涨价

购物依赖于品牌，导致品牌商品有了定价权之后不断涨价。大家都知道商品的物料成本是不高的，一件有品牌的商品需要养活广告商、经销商，而这部分费用需要消费者承担。所谓消费升级就是涨价的逻辑是不合理的。

对于低线城市人群来说，消费力真的升不上去，而且他们也不认可品牌溢价，只知道商品够便宜，使用起来很趁手就满足了。

渠道的升级带来消费被动强制升级。这一两年，我感觉比较明显的有两点：第一， 一、二线城市的小卖部、杂货铺、水果店卖的东西越来越贵了，低价货越来越少了；第二，淘宝的排序列表推送的商品的客单价越来越高了，说是消费升级，更多的还是为了提升ARPU（Average Revenue Per User，每用户平均收入）值，不然增速怎么来。价格提升一方面是品质提升带来的成本提升，但更多的还是流量成本，供应商加价带来的。

所谓"羊毛出在狗身上，猪买单"。这种借助消费升级的风口进行涨价的"伪升级"一定是不可持续的，社会交易结构并没有得到优化，消费者与商品之间的距离还很远，这是涨价的根本原因。这不是互联网赋能时代应有的结果。

3. 消费升级的关键点

满足更多人，特别是低消费水平人群的消费，就是国家战略层面的消费升级，也是拉动内需的重要措施之一。在这个大背景下，正确理解消费升级还涉及以下几点内容。

（1）消费意识升级

随着互联网的发展，信息不对称现象越来越少了。互联网的本质是消除信息不对称，消费者不再是商品的被动接受者，他们对商品有自己的判断标准，有自己的想法，也有了吐槽的渠道。很多厂商、品牌已经将用户参与作为产品研发的源头，听听用户怎么说是避免犯错的重要手段。消费意识升级，消费者有着想表达自己观点的意愿，而厂商也一直渴望获取这种观点，新的互联网技术及算法让产品与消费者逐渐融为一体，彼此之间不再有明显的界限，拉近了工厂与市场的距离，工程师、生产线也逐渐明确了自己的职责，即优化并实现消费者的想法，通过产品或服务为消费者提供优化生活方式的方案。

那么由谁来记录、汇总消费想法及确定真实需求呢？那就是数据，海量的数据。通过算法对数据进行"深加工"就能得出用户精准的需求，将这一需求导向生产商，一件令消费者愿意花钱购买的商品就被生产出来了。这种满足消费者意识升级，通过算法分析输出数据，从而指导上游厂商的做法就是C2M模式。

另外，消费者的身份在发生变化，他们在消费的同时也在扮演产品或品牌的传播者，甚至是商品的销售者。这就是"消费商"概念的由来，在第二章里我们提到的"多多客"就是消费者以销售者的身份参与到商品的营销活动中的典型案例。因此消费意识的升级，多维度地对产品的研发、制造、运营产生了影响，我们必须重视起来。

（2）产品品质升级

我是一个由从不信任，逐渐到参与购买拼多多商品的消费者。老实说，2018年初次购买拼多多商品时，我确实不太认可某些商品的品质，直到2019年下半年，我都没有再光顾过这个平台。但身边的拼多多用户却逐渐多了起来。跟很多生活在一线城市的人一样，我也是受亲友购物的影响，又逐渐对它关注起来，并参与了多次拼购活动。我发现这个平台的商品突然更换了一个形象，品质与售价之间，有了超预期感，体验非常不错。直到写本书时，我前后连续性购买了一大堆商品，从日用品到电器、从文创品到工具等，超预期感越来越明显。

俗话说，不怕不识货，就怕货比货。商品竞争由价格战上升到性价比战，在同样的标价下，品质是唯一胜出的机会。

过去在短缺经济时代，企业只要生产出产品，就不愁销路，企业因而变得急功近利，不顾质量提升，导致中国制造沦为低端产品的代名词。步入过剩经济阶段，企业之间的竞争日趋激烈，制造业生产成本抬升，中国制造面临巨大的挑战。因此，必须加快利用市场的反向推动作用，促使中国制造提质增效，增强消费者信心，推动消费经济增长。

拼多多采取了两种反向推动策略。第一种是价格反向推动。因为对低收入人群来说，再贵十块钱，他们可能就不买了。十块钱、五块钱也会成为一道闸门，也对商品定价画出了一道红线，要求上游厂商必须以目标用户的购买力为准绳，否则产品很难在平台上热销。第二种是品质反向推动。为了保证对消费者负责，拼多多对供应链端有着非常严格的要求，不仅会严查工厂资质、秘密抽检，还会有运营专员"人肉试纸"，亲自体验产品并和同类商品进行对比。

当然，品质升级不是一味地增加配方成本或工艺成本，而是要在符合国家标准、符合目标受众消费能力的基础上对产品进行优化，让用户感受到超值，能带来意外惊喜，让收获大于收货，这就是最接地气的品质升级。

品质升级不是一句口号，也不是制造端单方面的意愿，而是需求倒逼的结果，同时供需之间需要一个强大的"中台"链接消费者与产品，拼多多就是这样一个中台，它将数据与制造很好地对接起来，所以，倒逼的不仅是价格与品质，还有订单数量，因为产量是决定低售价高品质的关键因素。

（3）囤货意识升级

哥伦比亚大学的消费心理研究者希尔帕·马丹指出，在物资匮乏的情况下，人们的自保意识会增强，一切行动以保证自己的健康和安全为目标。

消费圈有这样一群人，被称为"囤货族"。他们一旦发现自己的必需品存货不足一个月的量，就会产生揪心、不安、焦虑的心理反应，随之很快表现在行为上——开始购物。购买卫生巾的单位是箱，沐浴露的单位是升，盐的单位必须是斤……一买就要买够一年的量才安心。这部分人，是典型的由于缺乏安全感而疯狂购物的症候群。

捡便宜和寻求安全感是囤货族囤货的最主要动因。

这两点都能在拼多多用户身上得到印证，我们在"'穷人'也囤货"的内容中提到，低消费力人群在遇到超乎想象的便宜货时，好像捡到宝，有种可遇不可求的心态，会产生抓紧批量囤货的自然反应。而寻求安全感就是这种反应的另一种体现，这种消费支出预算不多，一次性能买到这么多东西，所占钱包份额也不高，还极大地缓解了生活的压力，由此获得安全感。

从心理分析角度考虑，囤货行为可能与生活压力过大有关，囤货者往往通过物质上的囤积来达到某种心理上的满足，并以此来平衡压力带来的焦虑。因为这种方法成本相对低廉、操作相对简单，一旦实践证明其可行，被不断重复运用就不再奇怪。

经分析发现，捡便宜及寻求安全感是囤货族囤货的主要动因，也是大多数人消费的动因，捡便宜是人的本性，从来都不会消失，而压力也是长期存在的现象，当囤货变成释放压力的手段之一时，其就会影响更多人的购物方式。细心的你不难发现，对许多女性而言，回到家里拆开一件件快递包裹，已逐渐成为她们生活的一部分。

比如，拼多多就适时推出了囤货装，以更优惠的方式满足用户囤货需求。（见图4-1）

（4）消费场景升级

什么是消费场景？消费场景就是：谁？在什么时间？用什么方式？在什么地方购物？用4个问号公式去套，就能清晰地知道每个人的消费场景之间的区别。比如，宝妈在晚上8点用手机

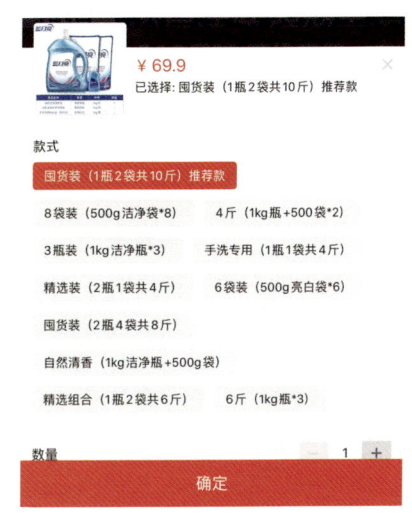

图4-1　拼多多囤货购物图示

在拼多多选购蚊香；宝妈在周末逛百货商场选购化妆品。消费场景从"场"这个角度分析就是线下、线上。但对于升级而言，则是由系统性的因素决定的。

所谓升级，就是在4个问号里面，找到哪种方式最能节约消费者购物成本、最能提升购物效率、最能降低购物风险、最能强化购物体验。

节约购物成本指的是买东西的花费支出以及去购物所花费的时间成本、交通成本等，显然，在线购物更有优势。提升购物效率指的是从付款到拿到商品所花费的时间缩短，线下购物具有立即所得的优势，这是网购不能比拟的。在降低购物风险上，线下购物主要是体验及听讲解，然后做主观判断，而社交电商的推荐

优势就显现了，基于熟人推荐选购商品是降低选错率最好的方法之一，毕竟推销人员在其立场上很难做到真正的"利他"，而消费者自身的产品知识是有限的。购物体验是个综合因素，包含了成本支出、效率高低、试错率、产品品质等，比如对于同样的东西、同样的价格，我需要腾出时间才能赶去购物中心购物，而在线上可一键下单，相比之下，线上体验就更有优势了。

我们今天谈到的消费场景升级，其实更偏向于购物成本、购物效率的升级，这是消费者最为关心的问题。

消费升级是趋势，也是大环境下洞察消费特点的准则，供应链思维必须依附这个趋势，为符合大环境要求做战略调整。我认为，认真研究拼多多数据，了解更多平台规则及动向，是供应链抓住消费升级最好的学习方式，这能帮助你提升网感。

第二节

便宜不等于便宜货

1. 关于购物"鄙视链"

据说，购物也有一条"鄙视链"。品牌货鄙视非品牌货，价格昂贵的品牌货鄙视价格便宜的品牌货，价格贵的非品牌货鄙视价格便宜的非品牌货。

甚至有人计算出了具体的鄙视价格线，比如微博用户"风中的厂长"抛出了一个结论：淘宝搜索关键词"连衣裙"客单价低于128元，滴滴好评率低于4.8分的不能当女朋友。这当然被淘宝官方否定了。

2. 消费者购物心理

消费者身上的标签不止一个，在不同的购物需求中，对不同的商品，消费者的心理支付价位也是完全不同的。比如我们对纸巾这个商品，都会有基本的价格判断，鄙视链上游的人也不会盲目购买比心理价位更贵的商品，所以不存在一个为鄙视而存在的价格标签。

人都是务实的，这跟收入多少没有直接的关系，用户的偏好不是静态的，算法难就难在要满足用户多样化场景下的需求，以及购物的差异化需求。比如，一个背几万块LV包的用户，也会有关注性价比的需求，也会买很实惠的纸巾、一两百块钱的衣服。

购物鄙视链的背后一方面是对消费观的粗暴物化，另一方面是对下沉市场的主动忽视。其实，消费水平既不与人品性格成正比或反比，也不与财富水平成正比或者反比。比如，国内"家电圈一姐"董明珠，经常买换季打折的衣服。股神巴菲特开的是中等汽车凯迪拉克，住的也不是豪宅，他的房子买于1958年，只花了3.15万美元，一住就是半个多世纪！他甚至用优惠券请比尔·盖茨吃麦当劳。

你在拼多多上购物的第一感觉是便宜，但便宜这个词的含义很丰富，在很多时候，便宜往往等于劣质，便宜也跟便宜货联系在一起，而便宜货不是一个褒义词。

3. 商品便宜的本质

拼多多如此便宜的定价是因为它的上游链接的是工厂。也就是说，只有更短路径的商业模式，才能做到便宜有好货，才能改变人们的观念，便宜不等于便宜货。我有很多厂商朋友，拥有多年的供应链经验，他们也为消费者鸣冤叫屈，因为他们很清楚成本是多少，利润是多少，到了消费者手里，定倍率竟然如此之高，这也严重阻碍了厂商更大批量制造的发展空间。换句话说，若用价格标签对标产品，则不是越贵越好，因为其中一部分花费是产品流通成本，这部分花费并没有用在产品的研发跟制造层面。

C2M反向定制

1. 为什么会有库存

我常年做咨询，经常听到很多厂商负责人跟我抱怨："我们的产品很好，就是不懂营销而已。"言下之意，他们缺少一个能叫得响的牌子。事实真是这样吗？

在今天，不懂营销不是你的错，但不懂营销又要制造出一堆库存，就是你的不对了。产品是怎么生产出来的呢？在研发生产之前，生产商唯一的依据是用户的需求及购买力，当你主动获取这些用户信息的时候，就是在营销。而大多数生产商是凭借经验以及同行数据来指导生产，这就是库存产生的根本原因。

2. 渠道对商品定价的影响

在互联网刚刚出现的时候就有人谈论非摩擦经济、直接经济，在生产商（Manufacturer）和消费者（Customer）之间建立一种短路径，定倍率就会大大降低。你用原来几分之一的价格就能买到同样的甚至更好的产品和服务，所以淘宝出现的时候，也是因为便宜获取了很多用户，当淘宝平台涌入几百万卖家以后，单个卖家的出现率就极大地降低了，他们被深深地藏在了信息海洋的底部，用户根本无法找到，他们只有通过付费广告引流到店才能实现销售，于是淘宝就变成了最大的广告公司。传统电商模式就变成了M2B2C（Manufacturers To Bussiness To Customer）。电商经济依然是摩擦经济，只是从实体摩擦转移到互联网摩擦。

3.　什么是C2M模式

换句话说，生产厂商必须掌握足够前沿的消费者数据，了解消费者需要什么，愿意以什么样的价格购买，在哪里购买，才能组织生产与营销。

但一个孤立的厂商是无法获取足够的数据来指导企业生产的。企业自身建设的CRM系统是一套营销系统，更多的是分析已购买行为数据，而不是预测，它只为品牌营销提供数据参考。我们通过这个系统依然无法判断消费趋势。另外企业自身的系统所采集到的数据总量非常少，打标签的能力也非常弱，不具备为企业提供真实可靠的信息来源的条件。

我们不能简单地理解消费者需要什么，厂商就生产什么。任何厂商都不可能根据单个的消费者来组织生产，个别消费者的需求只是数据，这个数据无法勾勒出一个需求画像，需要大量的数据汇集在一起才能实现，这是源于用户又高于用户认知的智能数据，比消费者更懂自己。所以，C2M的实质首先是一种智能零售，用智能贯穿整个销售活动，这个活动不是在销售完成之后就结束了，而是在销售结束以后才刚刚开始，因为只有一次又一次地完成销售，才能够形成真正有效的智能数据。

在创立初期，拼多多着力于两件事情，一是通过创新的"拼"模式在前端聚集需求，二是深入上游一线，推动"最初一公里"进行源头变革。

拼多多已经不是一个电商平台，而是一个C2M系统，过去是厂商生产什么，渠道卖什么，顾客就消费什么。而拼多多在这里扮演的角色是获取，它在做厂商想做但是往往做不好的事情，它打捞、挖掘、提炼这些数据，形成可具体指导生产的智能数据，赋予制造商。这个时候制造才刚刚开始。我们把这种模式叫作真正的C2M，就是从消费者到制造商的一个逆向的过程。

拼多多推荐算法

黄峥说，拼多多实行的"半计划经济"，严格讲是"反向半计划经济"。二十世纪六七十年代的计划经济，是由国家主导生产，按计划定产定量定分配，这是由生产力低下、资源匮乏所造成的，必须统一规划才能最大化地组织生产。拼多多的半计划经济是利用推荐算法，通过向上游厂商输送数据，达到定产、定量的目的。这是通过改善供应链端的不平衡，从而解决由此造成的产销脱节问题。

去掉了中间商，拼多多将很多代工厂盘活了。在算法驱动和微信病毒式传播的模式下，拼多多上的商品属于"货找人"模式，随着时间推移和数据的积累，整个系统变得更加高效了，顺应人性，不断地向你推荐你可能会购买的产品。

拼多多的推荐算法是如何运转的呢？主要通过四个措施：千人千面、大数据算法、社交流量支持、新物流系统支持。

1. 千人千面

细心的你不难发现，当你购买一件商品以后，再次打开拼多多，平台会将相关产品推荐给你，拼多多服务号也会定期给你推送相关产品的优惠活动。你或许不知道的是，你的每次购物行为都在为平台提供数据。平台主要根据用户本人行为推荐，简单来说就是你仔细浏览过什么，收藏过什么，买了什么，它就给你推荐什么。无论在拼多多的APP还是微信小程序首页，点击下方"聊天"功

图4-2　拼多多购物菜单栏图示

能，都会看到热门推荐功能，所推荐的商品就是你曾经购买过的商品的类似品类，换句话说，每个人的拼多多首页都是不一样的。（见图4-2）

　　用户好友行为推荐原则：你的微信好友看了什么，收藏了什么，买了什么，就优先给你推荐什么。因为拼多多自身所积累的数据绝大部分都基于微信，而腾讯是拼多多的股东，微信的用户好友数据都是直接提供给拼多多的，所以我们经常会看见"好友买过的店"这个标签，多多果园里面也有微信好友的头像展示。

2. 大数据算法

基于对用户消费兴趣和喜好的追踪，发现不同地区用户的消费习惯和偏好有所不同，拼多多会对其平台上的商家提出很多选款和营销定位上的建议。例如拼多多会根据销售大数据帮助品牌分析市场空缺，并将相应商品模型提供给厂家，少部分生产后，给予基础流量进行测试。

而在测试结果的指导下，拼多多还会基于更详细的真实销售数据，二次分析客户评价、点击转化、退款率等数据，从而给商家提供更精细化的改进方案，以及给予优秀商品更大力度的流量倾斜，最终造就百万单量级的爆品。

这样，供应商与拼多多的关系就不仅是供需关系，还是共存关系，拼多多在某种意义上成为厂商的服务商，不停地为上游制造端提供数据支持，共同满足用户需求，实现消费升级。

3. 社交流量支持

后端供应链的变革离不开前端流量形式的转变，指导供应链厂商的数据某种意义上就是流量具象化和数据化之后的结果。作为电商界的后起之秀，拼多多的流量来源与传统的货架式电商大大不同。

在传统的购物场景中，消费者一旦下单，交易就闭环了。而在拼多多的社交拼购下，流量才开始运转，比如用户虽然下单成功了，但过几分钟才能收到拼购成功的消息，才能显示物流信息。在这几分钟内，商品信息一直在社交渠道发酵，商品内容也在发酵裂变。等于用户购买一件商品后，通过社交方式，向自己周边的人大声宣传。

依托于微信社交网络快速成长的拼多多，其流量的组织形式也是去中心化的，相较于传统的货架式电商，其流量获取成本更低。

由于其主要依靠社交网络传播和组织购买行为，这也让很多品牌意识到口碑传播的重要性。因为在传统的货架式电商时代，用户评价都是单向的，用户只能看陌生人的评论以判断商品的品质，但如今用户接收到的则可能是亲戚朋友对一个商品的推荐或者差评。这也使得这些品牌在供应链端必须更加注重品质。

4. 新物流系统支持

2019年8月，拼多多创始人及CEO黄峥在Q2财报电话会议上透露了一个重磅消息：拼多多正在开发"新物流"技术平台，将采用轻资产、开放的模式，专注于通过技术为商家和用户提供解决方案。

从拼多多的"新物流"技术平台的理念来看，平台将不仅仅停留于末端，而是走进生产端，链接起整个供应链。采用轻资产、开放的模式聚焦"最初一公里"和"最后一公里"，打通产销全链路。

选品矩阵

1. 商家产销矩阵

供应链内容讲了这么多，只有一个目的，那就是阐明在如今的竞争环境及电商环境下，生产与销售已经不是单维度思考模式了。一方面，社会分工精细化，注定一家厂商只能专注做一件事，只能在一个领域做深做透；另一方面，消费者需求时刻在变化，商家需要面对这种万变的多样性。这种能力、资源单一性应对需求多变复杂性的格局将成为一种常态。而在生产计划、上架清单与消费意愿之间需要一个"中台"起到搭桥的作用。这个中台就是拼多多，商家要善于利用数据分析，寻求中台上的资源支持，要知道，拼多多平台上的爆品都是经过消费数据武装的，这些数据汇总后成为爆品的基本准则，也是指导生产、指导上架的原则，依据这个框架逻辑，商家才能最大限度地确保方向正确，少走弯路。

从数据开始，我搭建了一个商家供应链矩阵模型。

（1）数据来源

围绕拼多多生态，数据化是其核心中的核心，数据资产是其最大的资产。商家要想借助平台进行数据化加持，有两个方法：第一，从其官方后台寻找热门产品，分析其数据；第二，借助第三方专业数据分析平台，这里我给大家推荐"多多雷达"这个工具（官网：http://www.mobduos.com/ddld.html），可用于查看商品同类目店铺的数量、销售商品数、平均客单价等数据。（见图4-3）

图4-3　多多雷达首页图示

（2）数据咀嚼

选定行业后首先要确定这个市场有多大，基本依照高频、刚需原则进行品类首选，过于细分的品类最好不要碰，比如西餐作料。接着就是价格带，不能超出目标用户预期太多，拼多多用户对价格极其敏感，不能与"砍价师"的风格相悖。需要特别留意竞争态势，厮杀过于激烈的品类也不能进入，比如纸巾，这个品类已经被头部化了，中小厂商没有竞争优势。努力发现蓝海市场，即无市场竞争产品或行业尚处于非激烈竞争阶段的产品，通俗点讲就是发现还没有占据市场、无人知晓却极具潜力的产品，这里边技术突围很关键，也是避免商品同质化的关键。技术创新及发现新的消费需求点都可以通过品类创新，发现蓝海市场。

依据以上分析并参照自身资源匹配度，比如原材料成本、研发实力、生产实力等，就可找到自己的竞争优势。竞争优势是数据与资源融合的结果，依据竞争优势，确定品类方向，确定研发草图，规划出一个粗线条的产品开发方向。

在数据咀嚼中，重点需要放在用户身上，通过四个维度彻底摸清用户画像，用户画像可以将用户可视化，也就是通过对数据的咀嚼，输出一个"活生生的人"，而不是一堆冰冷的数据。

这四个维度分别是：第一，角色分析，包括基本信息、位置信息、经济信息、个人描述等；第二，认知特征，包括网购熟悉程度、行动能力、品质追求、选择困难的原因等；第三，行为特征，包括是否喜欢收藏、是否热爱分享、如何比价、搜索找物、无聊闲逛等；第四，分析用户的社交关系图谱，基本以微信为主，用户正是通过这个图谱将拼购信息分享出去的，这能对商品相关性推进起到关键的作用。

（3）绘制原型图

依据开发方向，在聚集工程师、生产主管、一线操作人员、企划设计人员及部分消费者的情况下，按照高频、刚需原则进行商品原型图绘制。绘制内容包括品名、规格、包装、售价、卖点、爆点、尖叫点等。在原型图绘制的过程中，商品的推广策略、美工画风、营销话术等也随之而出。

（4）小批量测款

主流的测款方式主要有四种：活动测款、搜索测款、场景测款以及老顾客测款。其中，最简单、最快、最高效的便是搜索测款，也就是直通车测款。搜索测款就是通过拼多多搜索推广关键词的数据来判断这一款式在搜索推广/自然搜索可以走到什么位置，避免盲目卡位。直通车关键词综合数据越好，在搜索的排名也会越高，这也是搜索测款的目的。

矩阵的本质是一套工作方法论，也是一套SOP（Standard Operation Procedure，标准作业程序），涉及数据、工具、团队、流程等。在这个矩阵里每个分项目又会产生很多更细的子项目，比如数据来源中"多多情报通"这个工具，就需要制订专门的工作细节，安排专业的人员跟进等。

没有涉及研发生产端的商家，只是单纯地贸易采购，同样也适用这个矩阵模型。其可以很好地帮助商家选品，建立好产品判断标准。

2. 达人选品矩阵

拼多多2019年底内测电商直播后，直到2020年4月，才开始招募第一批MCN机构，而第一批招募也仅持续了10天时间。面向MCN机构，招募擅长娱乐秀场、游戏、食品等领域的主播，开始布局泛娱乐内容。

在我看来，这就是我们常说的蓝海机会，相信一大拨带货主播正在赶往拼多多的路上。当快手主播高喊厂家供货、源头直采的时候，整个拼多多平台的商品几乎都是源头。依据拼多多的平台属性、商品属性、用户属性，我们给出了达人选品矩阵。

（1）人设性格

即使在同种品类下，都可以依据你的人设性格选品，选品越细分，越能发挥你的优势。我比较反对那种照本宣科式地为自己套人设，那样会适得其反，人设是由性格决定的，后天很难改变，尤其是初入行的主播，戏路越窄越好。比如一个性格偏外向张扬型的人更适合带彩妆类的美妆产品，一个性格偏温柔文静型的人更适合带护肤类的美妆产品。关于人设，可以参考"主播的B面"相关内容，比如秀秀型、闹闹型、乐乐型等。依据人设性格选品，能给粉丝带来一致感，不会产生观感层面的冲突，将人与货很好地融合在一起，整体画风显得恰当得体，能拉近与粉丝的距离，从而增加信任感。

（2）专业学识

我们经常听到专业人员入局这句话，指的就是把在原来从事的领域里所学到的专业知识或专业技能搬到直播间来。许多电商主播之前是没有销售经验的，或者仅有销售某个品类的经验，他们是靠后期快速恶补上来的，所以在专业销售顾问眼里，他们显得缺少经验。新晋主播依据自己的专业选品，能很好地发挥出自身的优势。

（3）兴趣爱好

非专业销售出身的主播，如果能够擅长利用自己的兴趣爱好，那么无论是学习上手还是临场发挥，都能够快速找到任由自己讲解的品类，依据兴趣爱好选品，是发自内心的喜欢，这比一般人更能找到产品亮点。从某种程度上来讲，兴趣爱好比专业学识更能体现出主播的专业水准。

（4）数据分析

无论是个体经营，还是MCN机构运营主播，数据分析都是必不可少的环节，没有数据支持，你所依靠的兴趣爱好、专业学识乃至人设选品都是不可控的。在没有数据分析的前提下，兴趣爱好选品很可能变成自娱自乐。具体数据分析方法与前文谈到的数据来源、数据咀嚼道理一样。

（5）资源能力

一个人的资源能力决定了选品的优劣势，这里面有两层含义。第一，资源能力决定了主播的选品空间，中国是制造业大国，每个细分品类都有极其丰富的SKU，即使非常专业的卖手，也不可能知晓全部的商品，而知道的商品信息越多，资讯越发达，越能为主播提供选品空间。第二，资源能力决定了所选商品的供应能力，我们知道每人每直播一场，需要5～10款单品甚至更多，长年累月的直播，需要大量的SKU供给，如果没有源头生产商的即时配合，将会面临无货可播的境地，电商事业是无法持续下去的。

（6）采购模式

我们先来看看主播对SKU的需求量。如果一个工厂，只需要给用图文销售的网红店主供货，那么更新的频率是一个月一次，一次几十款商品就可以了。但是，如果是给直播网红供货，那么每天都得用新款换掉部分旧款，整个换新周期要在7～10天之内完成。一批货至少要300个款式。从几十款到300款，将近10倍的需求量递增，向我们呈现出了一个"前播后厂"的模式。这反映出电商主播如果没有强大的供应链支持，几乎是无法胜任这个工作的。目前来看主播的采购或供应链合作方式，主要有以下5种。

1）线上模式

2019年3月以前，直播机构的产品大部分是由线上合作商家供应的，比如在拼多多，主播就可以一键导入商品到自己的直播间。

2）档口模式

为了丰富货源、快速选品，各大机构或主播开始与各大批发市场、档口合作。

3）工厂模式

与制造端连线，直接从工厂采购，或者采取先卖再付货款的合作模式。目前很多工厂产能过剩，库存积压，也倾向于这种合作模式。

4）联合品牌模式

具有一定选品经验的主播或者机构，为了实现利润最大化、确保品质及完善服务体系，也会采取与知名品牌合作，以联合品牌的方式解决供应链问题。

5）自创品牌模式

有些主播发现别人的供应链不稳定，就会自己做供应链。比如，快手平台上就掀起了一股主播自创品牌的潮流。在快手上带货的"第一主播"辛巴，就有4家自己的公司，直播卖的毛巾、牙膏、面膜甚至加湿器等产品，都是自家生产的。以上的主播或者机构，乐于自创品牌，这不仅体现了他们的选品能力，还在于供应链长期出现的各种问题令他们翻车受损，而自创品牌是对消费者负责的体现。围绕着自创品牌，管理能力、服务能力都需同步提升。

如何打造爆品

1. 极致性价比

市面上，不缺乏性价比高、好评也不错的商品，但总感觉它们火候不足，缺少点让人发出尖叫的理由。如果产品没能达到这个境地，就很难获得用户主动传播的理由，没有免费的传播，想做爆一款产品，是一件非常困难的事，所以必须在性价比的基础上，加把油，把性价比做到极致。

那么，什么是极致性价比呢？我在上公开课的时候，曾经提出一个问题：顾客满意是不是就等于口碑？一般人都回答是，但其实不是。满意度只是顾客对其所购商品与支出之间的等值评价，就是说顾客花费了100元得到一个价值100元的东西，没有出现上当受骗的感觉，满意了而已，并不会对品牌建立信任感。

而口碑的定义是超预期，当顾客花费100元获得了一个价值120元的东西，才会出现口碑效应，才会帮你到处传播，口碑的本质就是把事情做过头。口碑就是极致性价比的外在体现。

所以，我们经常渴望打造爆品，但产品不具备极致性价比条件，是不会出现爆品的。举个例子，阿芙是知名的网络品牌，这个品牌最大的营销特点就是做口碑，而其做口碑的方法就来自极致性价比，把事情做过头，用超值体验或者超值惊喜获取顾客口碑。阿芙的用户在打开快递时，经常会收到原本不属于购买清单内的意外礼物，这份礼物完全是在顾客不知情的情况下额外赠送的。再比如今年疫情时期，订购西贝的快餐，顾客会收到一个免费口罩，令人特别感动。这都是创造口碑的方式方法。

或许有人存疑，我购买了所谓的网红爆品，但没有察觉到什么不一样的地方，它为何会成为爆品呢？

这类爆品多属于广告爆品、流量爆品或者炒作爆品，基本逻辑是砸广告，而不是口碑驱动。如今，流量成本之高，已经不是中小企业所能承担的了，靠付费流量打造爆品的亏损风险极高。

2. 爆品公式

梁宁在课程"增长思维30讲"里，总结了一套爆品公式，我深表认同。

爆品机会＝技术／供应链创新 × 爆发品类 × 新流量

爆品主要分为"国民级爆品""行业爆品"及"品类爆品"三种，任何一种级别的爆品都是值得称赞及关注的。三者之间火爆的程度、流行性、知名度及长尾效应都是不一样的。自然对应到爆品公式中，它们对资源的需求也是不同的。

首先谈谈新流量，一个品牌、一个行业、一个社会都会遇到不同时代的流量红利。比如2015年左右爆发的微商模式，就是底层创业浪潮卷起新流量，许多草根在这场流量的浪潮中逆袭成功，同时也带动了诸如面膜、口红、卫生巾、口服液等"旧"产品的新市场。新的流量完全能托起一款产品的火爆，即使这款产品本身并没有任何技术创新，新流量，尤其是社交新流量，也会使产品创新由新技术演变成新内容。

爆发品类主要是由新技术推动的，比如智能手机就是技术迭代的产物。新场景也会爆发新品类，比如爆米花成了影院必备大单品。另外，消费升级也会促使品类大爆发，比如中国女性开始宠爱自己，带动了饰品、美妆业的兴起等。

而技术／供应链创新是产业的基础，是得到爆品机会的第一个要素。因为爆品的背后，一定是供应链能力的成熟。读者朋友应该还记得，早在2010年之前，流行爆品的售价都很贵，普通人只能投以羡慕的目光，那是因为爆品的制作成本及流通成本都很高，注定爆品只能成为少数人的选择，大多数人只能通过购买二手货来满足自己的虚荣心。但今天供应链的成熟，使爆品走出了一条"贫民"路线，一款产品想要火爆必须追求性价比，让更多人能低价享受，这都是技术领先、性价比、规模供货所带来的结果。

对企业来说，供应链能力决定了成本结构、交付能力，是结构性的竞争优势。而这些优势也是创造爆品的基础。

3. 打造爆品的六个关键点

（1）用户画像

用户画像要解决三个问题：第一个是核心用户画像，就是主打人群是谁。这个谁可分割为9个问题来回答，包括性别、年龄、职业、收入、地区、购物方式、消费水平、价格接受度、平台标签（可利用多多情报），用户画像可以使产品的服务对象更加聚焦，更加专注。第二个是核心消费场景，就是这个谁以什么样的方式、在什么地点、什么时间使用我们的产品。消费场景与核心用户画像应是匹配的，没有场景，意味着这个产品不可能被消费，产品处在无处安放的尴尬境地，通过对消费场景的观察，可以提供很多对产品进行改良优化的数据。第三个是找到核心购买理由，顾客购买一件商品，会有很多理由，比如老人手机这个产品，核心购买理由是此类产品必须屏幕够大、字体够大，以照顾老人家视力不佳的现实，其次才是更人性化的智能设置，如一键打给儿子等。

（2）找一级痛点

一件好的商品总能解决一些顾客痛点，但是痛点是分级的，如果你只抓住了一个不够痛的点，产品的吸引力就会打折扣了。爆品之所以会火爆，是因为它能第一时间解决用户最迫切要解决的问题，而不是隔靴搔痒，让顾客犹豫不决。如何找到一级痛点？可以从以下三个方面入手。

贪：惊叹"哇，这么便宜"，性价比是绝杀技，通过免费、便利、便宜这几点刺激用户下决定。

嗔：创造稀缺力，通过逼格、硬体验、仪式感、特权等吸引顾客沉迷。

痴：有逼格的颜值力，是触动购买的重要因素，平时用的产品太丑了，抱怨总在内心深处而得不到解决。

（3）找竞争对手

找到竞争对手，并仔细研究对手的产品数据，包括硬件数据、平台销售数据以及竞品用户画像数据，找到对方的一级痛点解决方案等。

（4）确定一个卖点

秉承一个卖点解决一个痛点的产品开发理念。不要贪恋产品功能强大，做一个产品，期望目标用户能涵盖所有人，通常这样的产品会走向消亡。一个痛点的解决，会解决顾客多个痛点，收到连锁反应效果。比如顾客通过一款产品解决了睡眠问题，连带的可能解决了其他问题，产品经理要从用户使用场景深处去想，大胆幻想产品能帮顾客增添的幸福价值。

（5）产品定义

进入第五步以后，基本可以给产品进行定义了，这种定义建立在"必须卖爆"目标的基础上。无论是选品还是组织研发生产，都会有一个相对细腻的框架，包括目标用户、产品解决的问题、卖点提炼、定倍率及利润空间比、包装形式等。

（6）输出竞争表

输出竞争表就是计划产品定义与竞争对手产品的各项指数对比表。从该表中，无论是产品经理还是顾客，都能很清晰地快速识别出产品的特点及价值，能够瞬间做出购买决策；同时主播亦可依据该表整理出直播内容。我多次强调，让主播参与到爆品计划中去，主播就是最好的产品经理，某种意义上，他们比工程师更具有发言权。（见表4-1）

表4-1　输出竞争表示范

对比项	对标产品					本品
	A产品	B产品	C产品	D产品	E产品	
售价						
规格						
成分						
效果						
亮点						
跑分						
……						

CHAPTER 5
第五章

直播电商思维

直播电商是一种全新的商业模式，疫情是这个商业模式的快进键，疫情期间，直播电商几乎一力撑起了众多行业的存续，疫情之后，其又成为众多企业营销的标配。所以，不要把直播电商理解为应急措施，它已经成为不可逆转的商业趋势，是互联网经济高度发达的产物，它做了什么，改变了什么，其实比现在大众认知的要多得多。（见图5-1）

图5-1　主播直播中

　　我将从认知角度的四个关键点，帮你剖析直播思维的建立与应用。

直播电商改变了什么

1. 直播电商火爆的原因

对于素人，直播是一个晋升网红的机会；对于达人，直播是一个施展才艺的平台；对于明星，直播是一个"拥抱"粉丝的见面会；对于商户，直播是一个人头攒动的卖场；对于企业，直播是一个"轻成本+互联网"的转型机会。

但直播并不是一件新鲜事，2009年，挪威有一家电视台做了一次很长的直播，它在一辆奔驰的火车上装上摄像头，连续直播了7个小时。这样的直播有什么好看的地方呢？其实它击中了观众非常重要的一个心理，叫作临场感，即观看这场直播，似乎在跟随火车旅行，即便是此刻正半躺在沙发上。这种临场感所带来的社交参与把一个孤独的人送进了人群。而火车每到一个地方，当地的居民就特别幸福，纷纷讨论这件事，同时他们会在社交网络上传播这件事，进行二次发酵，吸引更多人关注这场直播。

放眼直播电商带货的生态，你会发现经过4年时间，直播已经从2016年的一个小赛道，发展成为一个千亿产业。CNNIC（China Internet Network Information Center，中国互联网络信息中心）的相关统计数据显示，截至2020年3月，我国网络直播用户规模达5.6

亿人，未来渗透率仍有较大提升空间。另外艾媒咨询的一组数据说明：2019年中国在线直播用户规模达5.04亿人，较2018年增长10.6%，2020年预计增至5.26亿人；2020年中国直播电商销售规模将达9160亿元，约占中国网络零售规模的8.7%。数据显示（见图5-2），单单薇娅团队的GMV就直逼上海正大广场，超越了深圳福田的COCO Park。

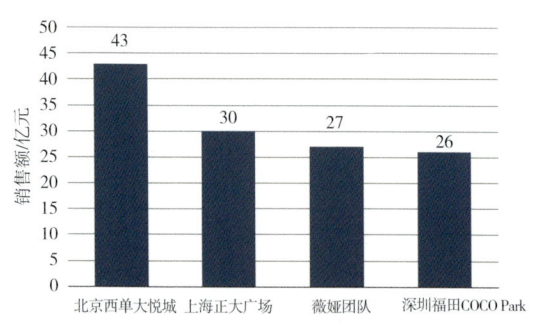

图5-2　GMV图示

除了我们关注的头部主播，这个赛道的中间力量同样不容小觑。比如，淘宝直播有近20位带货过亿的主播，这些主播遍布各个行业，在他们的带动之下，直播已经覆盖了相当多的领域和行业。换句话说，再小众的品类都

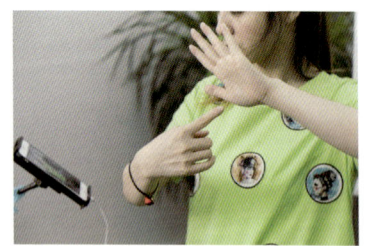

图5-3　某聋哑女士直播现场图示

能在直播生态中找到自己的位置，甚至聋哑人也在做淘宝直播。（见图5-3）

直播电商之所以能火起来，主要原因之一在于主播个人的真实性。他们不是高高在上的明星，而是会掏心掏肺跟你分享产品体验的邻家男孩、邻家女孩。有一种说法叫作15°美女，怎么讲呢？明星就是你抬头45°要看的那个人，很累也够不着，离现实生活太远；而网红是稍稍抬头（15°），你就能看见的那个TA。无论TA现在比你好在哪里，好多少，只要你愿意，就可以很轻易地变成TA的样子，改变现在的自己。

比如，淘宝主播薇娅在接受采访的时候会强调，她不想追求人设，而是希望呈现出自己自然的状态。在直播间推出的每一款商品，都是自己亲自用过才推荐给用户。李佳琦直播能火起来，也在于他亲自为用户试用口红产品，甚至创造出一场直播试用上百支口红的纪录。

而在快手上，很多主播经营的是"老铁经济"。什么意思呢？就是把自己定位为用户的老朋友、自己人。在快手上，粉丝关注主播，收到的最常见的自动回复是"来了就是一家人"。相比明星的产品代言，老铁的销售方式更显得"掏心掏肺"，更容易获得消费者的信任。时代和大众对"真实"的偏好，意味着人们开始抛弃工业化时代流水线制造的统一审美，越来越追求自我和多元化。这里再讲个小故事，知名节目主持人金星在一个评选节目上，点评了参赛选手的笑容，她提道："我们希望你们能露出自己真实的笑容，而不是那种通过刻意训练的整齐划一的标准笑容。"我们经常看到一些面带微笑且排成队的礼仪小姐们，十几个人，甚至几十人居然都是同一种笑姿，这在现实生活中是不可能存在的，观众心里都明白，这种笑就是一种仪式感而已。连微笑都能被流水线制造，说明我们脱离真实已经太远了，回归人性将是这个时代的主旋律。

2. 直播电商带来的四个转变

在网红带货现象的背后，中国消费行业其实正在发生一场范式转移。粉丝逐渐形成了"只认人"的心态，在购买商品上对主播的推荐形成了依赖。只要是主播推荐的，不知名品牌的产品销量也可能会超过大品牌。

换言之，品牌对消费决策的影响力正在被削弱，主播能够收集并汇总消费者真实的购买资讯，通过选品来实现消费意愿，从而持续强化直播达人的个人影响力。这也就是前文所说的，直播电商创造了一个新场景：人找人。这是第一个转变。

第二个转变，电商直播缩短了商品从供应链源头到消费者手中的距离。既然品牌的影响力下降了，而且直播带货对量的要求又很大，就有不少主播干脆绕过品牌，让厂家直接供货。这就好比过去我们从淘宝上的商家那里买东西，但是现在我们直接绕过商家，从供应商那里买东西。这意味着供给和需求之间的连通效率正在大幅度提升。在传统模式下，商品得经过层层经销商、渠道商才能到达消费者手里。但当中间环节被省略后，资金的流动加快了，物流和仓储的成本降低了，中间过程的损耗也减小了。

第三个转变，是内容创作者身份的转变，在PC互联网时代，1%的人平均创造百兆内容就已触顶；在移动互联网时代，5%的人成为优秀创作者；而直播互联网时代终将来临，未来将有

10%～15%的人通过直播来传递内容并从中获利。什么意思呢？就是主播拿到商品以后，这款产品由产品价值到购买理由所需要的内容，都来自主播自产，而不是品牌方提供的广告内容，谁能提供内容谁就能汇聚流量。内容的生产方式再也不是由企业、品牌或产品方独立完成了，直播达人有了极强的内容生产能力，也就有了话语权、主导权。

第四个转变，就是把数据理解为人转变，企业的用户池要么在CRM里，要么在公众号或APP里，本质上都是流量数据，彼此除了标签没有更深的情感。而在直播时代，企业必须打造一个真正"有温度"的人设，把用户当成自己的粉丝去经营。一个好的销售只能同时服务极为有限的用户，而一个好的主播，却能够让成千上万的人成为他的粉丝，在持续的运营中实现层层转化。这其实比公司制定的组织形态更加高效，也更富有弹性和活力。

这种迅速收集消费需求、自创内容、分发商品、数据温度化的模式，远优于传统电商模式。

3. 直播将电商前置化

第一，卖场前置化。当"打折"成为所有带货主播必杀器的时候，其实直播电商正在努力冲破传统商业围城，把直播间变成一个特卖场。彻底去除渠道加价的权利，使其成为消费者线上购物最大的前置入口。

2019年中国在线直播用户规模达5.04亿人，许多人的第一次网购就是在观看直播时发生的。近1/3的人看直播，这就意味着直播已经成为一个独立的生态，意味着用户流向直播平台的趋势已无法改变。

第二，内容前置化。早期，直播只是内容升级的一部分，替代或者优化了图文内容及短视频内容。作为工具的直播虽然依附于各个电商平台，但其已经培养出独立网购用户，改变了他们的网购路径及消费习惯。举个例子，我们打开电商平台APP，第一时间可能不是去搜索，也可能不是浏览优惠区，很可能是直奔直播间。对平台上的其他活动采取漠不关心的态度。这样直播就变成了顾客购物的独立通道，它将娱乐休闲、购物寻宝与捡便宜融为一体，似乎自己身处综艺现场而不是在"逛"商场。

所谓前置化，就是用户不需要进入商海即可完成购物，相比于在商城中需要搜索寻找、比价比货、了解商品、与客服沟通、询问服务与物流等烦琐的购物方式，看直播购物就显得无比简单轻松，减少了购物成本与学习压力。

同时直播又拉长了用户停留的时间，在这种情况下，用户花费了时间成本，如果没有购物，心理上会认为是一种损失，就会通过买买买来弥补这种损失。同时主播的鼓励、刺激及丰富的产品等因素的影响，会促使用户快速决策，实现了很好的销售效果。

结合人找人的新商业场景及直播独立前置化的优势，直播电商不仅改变了购物方式及供应链方式，而且深刻影响了企业整体的商业运作模式及品牌打造的底层逻辑。首先，直播电商为企业带来了更好的展示方式。传统的传播媒介多采用图文展现的方式，直播的出现为企业带来了视频化展示方式，不仅可以更全面地展示企业的形象和产品，还为企业带来了更广阔的营销空间。

其次，在传统互联网时代，"企业+互联网"是一项浩大的工程，从经营理念到运营模式再到组织架构都需要做较大的调整，同时会涉及大笔资金的投入。直播电商为企业做了减法，并将其从旧有的重资产困局中解放出来。新的营销场景极大地缩短了企业营销通路，降低了流通及传动的成本，使产品以更低的价格呈现在顾客面前，提升了企业整体的竞争实力。品牌也是如此，打造品牌最大的成本就是传播费用，而直播起到了很好的品效合一的作用，即品牌信息流与销售信息流合二为一，一边传播品牌一边销售产品。

4. 云逛街购物场景

进入拼多多直播界面后，直播以信息流的方式呈现，满屏显示上下滑动可进入不同直播间，这就好比指尖的滑动让我们步入不同门店，足不出户，躺在床上即可逛遍商圈，随时参与各类促销福利。

5. 商品所见即所得

近景看实物，与图文传播相比，直播的商品现场感更强、更生动；源头看批发，在丰富的货源场景下，直播可满足挑选欲；工厂看制造，直播溯源了产品的生产过程，令消费者增添从未有过的新鲜感。

观众思维

　　直播是个舞台，粉丝就是主播的观众，主播要确保"收视率"就不能不研究观众思维。试想一下，全国大约有电视台360家，电视节目大约2 058套。这个数量虽然无法跟直播间数量相提并论，但即便没有新媒体的冲击，这两千多套电视节目之间的竞争也是极其激烈的，而且这只是几千个主播在争取粉丝。如今的主播数量没有一个正式统计，据资料汇总分析，主播人数不会少于百万级。所以直播面临竞争已成为客观事实。这就需要我们深度研究观众思维。

　　当然我们的讨论依然会圈定在电商领域，不涉足过于宽泛的娱乐领域，主播的内涵依然是电商，卖货变现是唯一手段，粉丝打赏和广告代言不是电商主播的正业。

　　什么是观众思维呢? 我们一定要转换一个视角看问题，在直播这个场景下，用户看到的是人，不是商品，粉丝是从"节目视角"进来的，"主播+内容+知识"就是一场综艺节目。主播的身份不是推销人员，而是男一号或者女一号。主播面对的是观众化的粉丝，销售目标被镶嵌在了节目之中。

1. 观众分类

（1）学习型观众

提到学习，可能会联想到对有利于生存的知识技能的获取，其实任何一个认知都是学习，包括学习购物。我们仔细想一下，在人类所有的学习场景中，哪种学习最高频？可能就是购物，无论是在线下逛店还是网购浏览，在做出购买决策前，一定会花费时间和精力了解商品，这本质上就是学习。我们经常会遇到不懂购买的情景，需要讨教别人，这也是一种学习。一项购物活动，会出现提出者、使用者、购买者、影响者及决策者，这是一件非常不容易的事，每个参与者都需要学习。进直播间为何往往买到了原本不需要的商品，这可能是因为你从中学到了知识点，而不一定全部依赖主播的刺激。假如不存在学习的目的，能听主播推销长达几个小时吗？这个时候，主播的专业知识就显得特别重要。

（2）"贪嗔痴"型观众

进直播间能打折，已是全民皆知的了。在现实世界里，"贪嗔痴"型观众都属于精挑细选的人，特别喜欢讲价，主播要学会利用价值锚定效应，认识到观众买的不是便宜，而是占便宜的感觉。故不应该只是靠价格来满足观众。这里可以利用"感官协同效应"为观众创造"占到便宜"的感觉。①给TA好看，让TA凭眼睛买单，比如演示使用颜值；②给TA好听，让TA凭耳朵买单，比如发出咔吱脆的咀嚼声；③给TA好闻，让TA凭鼻子买单，只能你帮TA闻，让TA隔着手机屏幕都能闻到香气；④给TA

好吃，让TA凭舌头买单，直播间"放毒"，需要展现吃货的表演天分；⑤给TA好摸，让TA凭手感买单，带TA抚摸，并发出声音。总之，给TA好看、给TA好听、给TA好闻、给TA好吃、给TA好摸，办一场让买家不舍离席的感官盛宴。

（3）"小闲"型观众

这类观众基本都是带小板凳进来的，打发时间是他们的主要目的。试想，这类观众在露天影院会做什么，嗑瓜子对不对？在直播间，什么才是瓜子呢？其实就是福利与互动。福利方面，比如拼多多直播间的红包、提醒关注送礼品等。关注后成为主播的粉丝，这属于私域流量，关注后的界面跟微信对话框很相似，下次开播可先发预告。对话框同时可作为主播的客服工具使用。互动方面，可以大声喊出TA的名字，回答TA的提问，增加观众的存在感。而连麦是最高级的互动，主播可适当增加连麦频率，在我看来，直播间观众提的问题或者兴趣具有共性，连麦对话其实是用宠爱一人的方式解决一部分人的问题。

我们再来回忆一个很传统的场景：路边有人摆摊，摊主特别能侃，语言风趣幽默，引来围观人群阵阵欢笑。这些负责欢笑而不一定购买的人就是典型的"小闲"型观众，他们虽然未必购买，但对于

图5-4 地摊直播场景图示

主播而言，其作用是明显的，至少可以增加人气、营造氛围，在他们成为私域流量以后，后期通过运营的转化，同样可以创造经济利润。（见图5-4）

2. 观众目的

进入电商直播间的观众，目的大致可分为三种状态：目的明确、目的模糊、没有目的。目的明确的观众会主动与主播对话或者提问，等于主播需要切换到客服角色，与其对话，一对多地解答观众的问题。由于很多问题会一闪而过，这个时候场控的作用就要发挥出来了，场控可以帮助主播进行问题汇总，快速写在纸上提醒主播回答。目的模糊的观众，本身是有购物需求的，但不确定自己要买的品牌、规格、款式等，这类观众一般都患有认知困难症，主播需要帮助他们明确目标，这个时候光讲述产品特点是不够的，因为他们的根本问题是不清楚如何提高生活质量，也就是通俗话常讲的不会过日子，不会过日子的人常常表现出不会收拾房间的特征，故直播间的装扮不能只是个货架，需要有生活场景。比如卖洗发水，洗发水一般摆放在淋浴室，主播要想办法再现这个场景，洗发水的配方、肤感、香型、效果是没法通过镜头展现出来的，一个能为商品加分的场景可以很好地帮助观众厘清需求。这是因为，虽然这类人不会收拾房间，但没人愿意生活在废墟里。宜家就是如此，搭建了无数个不同的家的场景，我们没法准确想象一张床头柜放在屋里是什么效果，所以宜家做的就是用场景化解决认知模糊问题。没有目的的观众占大多数，为了避免出现看的人多、买的人少的现象，最好的办法就是采取"预告过滤"，提前告知直播内容，明确所播的商品、特点、优惠程度，让进来的人尽量有目的。成熟的主播不会过度追求观看量，图热闹的意义不大，精准度才是关键，尤其是在拼多多，观众每拼购成功都会在直播画面中得到展示，这就好比粉丝送出的礼物一样，一方面制造热销场面，另一方面增强了观众的存在感，同时会刺激没有购买的人快速出手。

3. 观众特点

如果用两个字来形容拼多多用户，分别为"省"与"闲"。"省"是拼多多用户的特征，而大部分用户也具有闲暇时间较多的特征。因为闲暇，他们可以花费更多时间在拼多多上，以便获得收益和娱乐。"省"和"闲"是可以在直播筹划时重点思考的部分。

首先是"省"，众所周知，拼多多没有设置购物车功能，它不想让用户一次购物花费太多费用，且每件商品都很便宜，如果有了购物车，东拼西凑下来，花费就不少，这会降低用户对节省的体验感。直播的时候，由于场景的变化，观众似乎忘记了购物，这个时候主播要发挥连带搭售的技能，将不同的商品联合起来，帮助观众打造一个生活的场景，提升其对生活品质的追求。

其次是"闲"，直播具有社交娱乐的属性，对用户有较强的黏性，能吸引用户逗留更长的时间，特别是在用户无目的的购物场景下，相比于单纯看商品，娱乐内容会显得更有趣，更能带动长尾商品。

4. 观众行为

在拼多多平台购物，刺激顾客购买行为的原因分为内外两层，分别是内在刺激与外在刺激。分析两种刺激引起的用户行为，有助于主播把握他们作为观众的心态及行动反应，为开播前的准备工作提供参考依据。

内在刺激：每日任务、占便宜、游戏化任务、优惠活动。

外在刺激：被分享、熟人推荐、购物需求、无聊闲逛、购物攻略。

无论是内在刺激还是外在刺激，有明确购物行为的只有两项，其他项基本都在娱乐、休闲、社交这个维度。这些行为对于直播有什么样的启发呢？拼多多被称为社交电商平台，但从用户行为分析，它却像一个娱乐平台、社交平台，这两种属性植入了直播基因。

直播作为一种前置化的商业模式，有其独立的闭环系统，我们完全可以在直播间进行策划、编排、回应用户等行为。比如，购物攻略，主播可以凭借其专业知识帮助观众解惑；又比如，针对无聊闲逛的观众，主播可以适当展示歌舞才艺，或者通过背景音乐营造氛围，直播间的装饰不能都是商品，一定要在符合人设的基础上做适当布置装扮。至于每日任务、熟人推荐、被分享等强烈社交动作的行为，可以在私域流量操作。我们会在第七章专门讲解主播的私域流量池的搭建及运营，可以说平台直播依然属于公域范畴，做公域的目的就是流量私域化，粉丝是流量私域化的一种形式，但属于弱关系，故主播需要通过私域流量运营手段把这种关系变成中关系甚至强关系，从而创造各种成交触点。

品牌的IP打造

1. 品牌的符号化

中国互联网企业，特别喜欢用小动物当作吉祥物，比如天猫的"猫"、京东的"狗"、QQ的"企鹅"、得到的"猫头鹰"、网易的"考拉"、盒马鲜生的"河马"等。吉祥物就是把品牌LOGO进行IP化的一种形式，符号化的小动物能拉近品牌或企业与受众之间的距离。

在社交环境下，仅仅将品牌符号化是远远不够的，小动物再怎么拟人化塑造，依然是虚拟的产物，只是识别系统，不能替代人与人之间的交流。尤其在直播的场景下，被看到的一定是真人出镜。

2. 品牌的IP化

IP是什么？按著名商业观察家吴声老师给出的定义，IP是一种具有强大的影响力（也就是势能）以及流量聚合能力，可以跨越媒介的商业符号。同样是符号，IP通常是自带流量、自产内容的真人，而不仅仅是一个符号。IP通过内容、社交实现人格化，品牌则通过产品与服务支撑价值主张，所以塑造IP在前，支撑品牌的服务在后。

当品牌具有IP属性后，就不再是一个僵化的符号了，而需要对品牌进行人格化构建，所以，我们对小动物的改造不如直接换成人，这样来得更直接，链路更短，更具真实性。渐渐地，品牌的当家人都变成了自己的代言人，成为品牌的超级IP。

提到马云你会想到阿里巴巴，提到刘强东你会想到京东，提到董明珠你会想到格力，提到雷军你会想到小米，提到黄峥你会想到拼多多。这些IP化了的人，是企业、品牌重要的资产组成部分，对于消费者来讲，这些人比那些设计图案如猫猫狗狗更有识别度吧？这是由于，在互联网的商业里，人们会通过把内容和价值进行"人化"来创造这种魅力人格体。

通过观察，我们了解到，在人格的塑造方式上，发布会是一个重要的场景，无论是产品发布会还是新闻发布会，都会成为IP、品牌、企业、产品的最大秀场，特别是掌门人自身的IP塑造。我们可以把发布会理解为线下版的直播，比如我们认识乔布斯这个人，就是通过苹果手机发布会，又如雷军、罗永浩等。

3. IP化是品牌的超级符号

2020年，可以说是企业直播元年，疫情期间，当这些大IP涌入直播间的时候，他们的影响力、带货能力一点都不比知名主播差。2020年6月1日，董明珠更是创下了65.4亿元的直播带货业绩。

我们再来分析一下IP与品牌在识别方式、链接机制、传播方式上的区别。在识别方式上，品牌更多的是符号性，而IP更多的是内容化；在链接机制上，IP比品牌拥有更多的人格化链接；在传播方式上，IP倾向社交互动性，它摆脱了B2C（由商家到顾客）模式，经常表现为C2B2C（由顾客到商家再到顾客）模式及UGC（用户生产内容）模式。

品牌符号=设计+广告+B2C商业模式

IP超级符号=内容+链接+流量+C2B2C商业模式

至此，IP基本摆脱了"品牌的控制"，成为一个以个人为核心的独立商业体，具有很强的跨界整合能力，包括跨媒介、跨品类。IP能够起到一个信任代理人的作用，它的价值链可以无限延伸。

以商业主播为载体的IP养成模式，在直播浪潮的推动下，正在蓬勃发展，这是又一次改变命运的时刻。

直播变现谁最快

选择在哪个平台做直播，是很多暂时没有入局者最关心的问题。每个直播平台都有各自的内容与流量推荐机制，因此主播在曝光、种草、引流、转化等全流程的设计中，既要契合平台的调性，也要迎合用户的习惯和喜好，这样才能持续、有效地打造企业人设、达人人设，从而建立起自己的阵地。

1. 直播平台分类

每个平台都有自己的优势，都有成功的模板可供参考，同时无论是企业还是达人都有自身对直播目的的现实考量，所以更适合入驻哪个平台需要从多角度考虑，甚至需要一段时间的摸索才能得到答案。

直播平台从功能上可大致分为5类。

（1）娱乐类

娱乐类直播主要包括娱乐直播和生活直播两类，其中娱乐直播主要为女主播卖萌、撒娇等，生活直播主要为逛街、做饭、出行等。

（2）游戏类

游戏类直播主要是对一些电子竞技的战况进行直播，通过帮助玩家学习游戏攻略、分析玩家水平、做出预测、与玩家互动的方式，获取打赏及礼物馈赠。

（3）电商类

电商类直播主要通过各类网络达人在"电商+直播"平台上和粉丝互动社交，达到出售商品的目的。

（4）专业垂直类

专业垂直类直播平台针对的用户人群与其他直播平台有很大不同，它们针对的是有信息知识获取需求的用户，这类直播可以将人们的注意力从原本枯燥的文字转移到人和口语表述上，通过演讲、辩论等表现力十足的方式将想要表达的信息呈现在大众面前。

（5）体育类

这类平台除了体育明星直播外，体育赛事也是娱乐活动的主要内容之一，受到大众的欢迎和认可。

以上直播平台各自的变现方式无外乎卖货变现、广告变现、打赏变现及付费收看等。在直播领域，市场已经被充分细分，能够满足不同企业、不同定位、不同达人所需。看待直播的角度已经从兴趣、工具角度切换到生态角度，直播已深度改造了传播方式、渠道方式、消费方式。

2. 如何选择直播平台

我从四个维度给出这个问题的解决方案，分别是商品成熟度、变现路径、消费型流量和主播能力模型。

（1）商品成熟度

直播电商真正的重点在售后，而很多人却觉得主要在售前。售前功夫做得再好，花里胡哨地准备再多话术或道具，最后都要落实到有货可卖，让顾客毫无顾虑地购买，这样才能建立健康的商业模式。举个例子，娱乐主播贩卖娱乐通过打赏变现，这条路虽然走得通，但娱乐属于成熟商品吗？显然不属于，不仅主播无法稳定输出娱乐这个商品，即使是郭德纲这种泰山北斗级别的"大腕"也很难保证自己的输出效果。所以选择一个直播平台，就要看这个平台有没有足够好、足够多的成熟商品满足顾客的购买需求，以及购买决策下达后商品的发货服务等。淘宝直播能够获得现在的成就，不是靠李佳琦、薇娅这样的头部主播，也不是靠一两个优秀的团队，而是靠长久以来积攒下来的成熟商品优势。

（2）变现路径

对于电商主播来讲，电商就是其核心，直播是对电商场景的升级，而不是电商的工具。而对大部分直播平台来说，打赏直播才是他们"吃饭的家伙"，电商只是增加收入的副业。所以电商主播选择电商类平台才是正道，电商平台将直播与商品进行了无缝对接，直播现场与商品现场融为一体。这个路径是天然合成的结果。无须跳转，就把顾客从一个平台导向另一个平台，甚至是多级链路互导，这样不仅给顾客带来麻烦，而且加大了顾客流失的风险。

（3）消费型流量

快手上有个账号叫"方丈"，有三千多万粉丝，据说第一次开直播，卖了37副对联，惨淡下线。这就是流量过于泛娱乐化、不是精准的消费型流量造成的，这种粉丝多卖货少的现象比比皆是。大部分平台理不清直播带货的重点，总是过度关注流量，忽略了流量属性，这就好比地铁站内的实体零售店，虽然人潮拥挤但鲜有排队买单的现象出现。尽管电商平台也有娱乐属性，也有只逛不买的人，但相对来讲，其流量的消费意愿是最强的。

（4）主播能力模型

能力模型广义上来讲包括一个人的特质和动机、价值观、行为表现以及技能等。我们以主播这个角色划分以下四个能力模型出来，分别是：

①核心能力模型。主要分析其对直播这个物种的认知水平，可在主播画像的B面中，找到自己的性格特质。

②职业能力模型。找出或者培养自己的专业。

③角色能力模型。工厂主、档口主和专业购物达人，能给顾客带来什么价值。

④职位能力模型。以什么样的身份去切入。

以上四点是指导主播该如何选择平台的四个维度。选择平台很重要，但不是拍拍脑袋仅凭自己的主观感受就能做出决策的，我们要学会用好维度工具，把自己先套进去检测一番，再去做决定，避免过度摸索造成成本浪费。

主播的组织方式

通过前面章节的讲解，我相信读者已经对直播电商有了比较全面的认知，直播以IP化的个人为载体，带动一个更快速流通的商业闭环，是商品流通形式的一场革命，但这绝不是主播一个人的工作，是供应链、电商平台、团队共同支撑起的直播电商生态，这也是主播的塔基部分，没有这个基础，塔尖会自然坠落。

1.　不是一个人在战斗

2020年7月，人力资源和社会保障部发布了包括"直播销售员"在内的5个工种。一个电商直播间里可以有14种新职业，比如直播助理、策划师、剧作、文案、摄影师、道具师、灯光师……对于一个主播来讲，团队的最低配置应该是"主播+场控"。最高配置可能是十几个人的作战团队。

2.　主播常用组织方式

（1）独立达人团队

不依靠任何第三方机构的扶持，主播自主选择平台、独立寻求货源，从开播前策划到直播期间的全部环节都独立完成。但这种孤岛式的运作方式竞争力偏弱，不具备较强的抗风险能力，只建议在主播早期"练兵"阶段采用。

（2）签约MCN机构

签约平台认可的MCN机构，主播只负责发挥表现、现场售卖，确保转化率，其他一切工作都由机构为主播准备的运营团队来执行。

（3）夫妻档制

这是直播生态的一大特色，其实也是中国连锁经济的一大特色，比如沙县小吃、兰州拉面、桂林米粉等，采用的都是夫唱妇随的商业模式。这种商业结构相对稳定，不会出现"江湖纠纷"，这是因为达人的成长需要合作机构长期的资金"输血"，而达人成名以后，与作为经纪人的机构难免会产生各种摩擦，造成两方受损的局面，但在夫妻档制中，就能很好地解决这个问题。

（4）师徒制

一个主播成名以后，会采取收徒的方式扩展其达人团队，形成达人矩阵化的模式。这种制度除了为扩大规模外，主要还有以下两种考量。其一，大主播流量过于庞大，一种人设下很难有效利用巨大的流量，必须采取分流的方式，粉丝价值才能被充分利用，但流量导给谁？最好的方式就是内部分配。其二，大主播具有丰富的经验，可承担教学角色，带徒弟自然成为他们的首选。这种师徒制度比MCN机构的经纪人制度更稳定、更具凝聚力、更具社团属性。

（5）股份合作制

由供应链、主播、MCN机构三方出资人达成的股份制合作模式比师徒制更近了一步，比签约MCN机构更具凝聚力、向心力。可以说这是集三种制度于一身的结构，真正实现了在利益层面、能力层面、资源层面的抱团合作。当然，要达成这种模式，除了要认可合作伙伴秉性外，还要特别注意股份分配制度、能力互补、价值观及规章制度的执行等细节。

第六节

从货带人到人带货

我们假设一个情景，如果没有知名品牌的供应链，李佳琦还能创造出令人羡慕的业绩吗？还能吸引如此多的粉丝围观吗？至少在早期是做不到的，知名品牌在IP形象的塑造方面起到了不容小觑的作用，同样，一款爆品也能为IP增值。电商主播的最大价值是为粉丝选品，如果产品出现问题或者未能获得预期效果，就会令主播翻车，在直播现场，90%的翻车事故都源于产品本身。

假设普通人卖普通商品的难度系数是10，名人卖普通产品的难度系数是5，那么普通人卖知名商品的难度系数就会是5，而名人卖知名商品的难度系数可能是1。这个推算方法重要的不是具体的数字，而是推算逻辑，也就是说，谁都想卖更容易卖的商品，从而增加销量减少翻车事故。从这个角度讲，不管名气多大的主播，如果离开商品本身的作用，其价值都会减半。

名人卖名品的现象不是一开始就设计好的，而是增强回路的原理在发挥作用，主播早期需要名品加持，成名后自身的流量资源又会吸引更多的名品追逐。所以在直播领域就有了一开始货带人后期人带货的说法。

这看似是个选品话题，其实不然，本质上是对商品的认知维度发生了变化。我们看待一件商品，不能仅从使用角度、功能角度、品牌角度、外在的包装角度、价格角度去看，还应当从商品的IP角度及内容角度去剖析。

1. 商品的IP角度

任何商品都是有灵魂的，商品的背后至少有由工程师、一线工人组成的团队在付出，如果将商品进行切片式分析，就会发现它背后的身影更加庞大，比如按原料切、按包装切、按配方切、按研发切，你会发现每一层都是智慧的结晶，都有灵魂的影子。主播要擅长把这些身影投射到商品中去，从硬件中发掘软件的存在，把固态的商品人格化、IP化，当它是朋友、是伙伴，这也是他们面对观众时散发激情的源泉。

2. 商品的内容角度

把推销当节目来看，最早应该是过往流行的电视购物了，我有幸在2006年参与举办过一场电视购物节，知道了一个令人震惊的信息：15～30分钟的电视购物节目，居然有复播率。自遥控器发明以来，商业广告片遭遇了前所未有的挑战，是什么样的内容值得反复观看，让观众如此沉迷呢？

电视购物的主角除了讲解人剩下的就是商品本身了，当时我给电视购物下了一个"特卖场"的定义，我认为只有具备特别功能的产品才适合做电视购物，其实特别功能只是文案作用的结果。文案所做的一切就是内容创作，源自产品又高于产品，高出的部分就是艺术加工，这样就把原本只是推销的现场变成一个节目。

从商品中发现内容，组成话术甚至剧本，是主播核心能力中最重要的一个部分，我建议多多翻看过去那些有卖爆商品的电视购物片，一定会对你有所启发。这是因为，在传统的电视购物中，只有人带货，没有货带人的逻辑，人的作用大于商品。讲解人能够把一款非知名商品卖爆，其创作内容的能力及方法值得所有主播学习、借鉴参考。

参考商品：可贝尔眼贴膜、背背佳、文曲星电子词典、魔力挺文胸等。

第七节

直播电商的红利

1. 直播电商顺势而为

2020年自疫情暴发以来，直播电商开启了快进模式，以直播带货为主要手段的"宅经济"突然爆发。风头强劲，一时间，大到企业小到档口、门面及个人纷纷转身成为带货主播，但任何行业都会跟技术成熟度曲线所传递的发展阶段一样，我们必须认清直播电商也会存在期望膨胀期、幻灭期。（见图5-5）

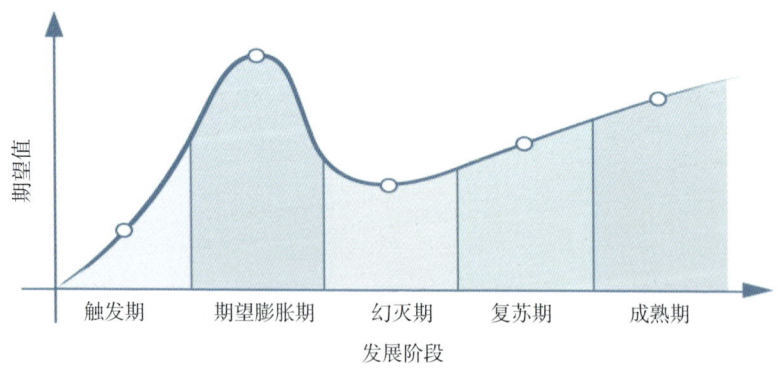

图5-5　技术成熟度曲线

所谓红利，就是踩对风口，顺势而为。对风口的把握就是对信息差的把握，这个信息差不是你今天比别人多知道了点什么，而是多维度信息差，包括这件事有谁在做，做得怎么样，如果自己入局有哪些优势等。考验的是摸清事物本质的能力，只有这样你才能感受到风力大小，不是任何风力都能使你飞起来的。

要想做到顺势，很难。诺贝尔经济学奖获得者道格拉斯·诺思在其《经济史中的结构与变迁》一书中使"路径依赖"理论声名远播。路径依赖是指人们一旦选择了某个体制，由于规模经济（economies of scale）、学习效应（learning effect）、协调效应（coordination effect）、适应性预期（adaptive effect）以及既得利益约束等因素的存在，该体制就会沿着既定的方向不断自我强化。一旦人们做了某种选择，就好比走上了一条不归之路，惯性的力量会使这一选择不断自我强化，并让你轻易走不出去。

这个解释能触动很多人的内心，我们看到很多逆袭青年的成功都有一个悲惨的过去，这不是成功学塑造的。自微商模式兴起后，我亲自探访过很多年赚百万的小镇青年，发现在他们成绩的背后都有一条顺势而为的线路可探索，那就是没有路径可依赖，直奔捷径而去。

2. 顺势才有捷径

什么是捷径？就是对互联网技术的应用，每次应用都是一次财富再分配的浪潮。过去是靠资本、资源、关系成就商业上的成功，今天经过技术的创新，这一切都变得极其简单，财富分配的杠杆不再是那些复杂且普通人无法触及的事物，而是一些看似很小的玩意儿，比如，通过微信的社交破圈成就了微商，通过直播一对多"摆地摊"成就了李佳琦现象。

顺势，就是忘掉旧有的价值围城，借助工具做能力范围之内的事，每隔十年，朋友圈、价值关系链就可能会成为绊脚石，因为既得利益者会出现集体不创新的现象。所以我们会经常看到某些行业被新经济模式团灭的新闻。

3. 顺势才有红利

我们对待风口要有一个正确的姿势和态度。姿势就是看见了就入局，动手实操，而不是火了以后再去参与，因为一个新事物，当你感觉很火的时候，可能已经到中场了，门槛已经不低了。而态度更重要，具体来讲，就是不要在脑海里沉淀太多"鄙视链思维"，要学会溯源探底，许多成功人士起步的时候都是一穷二白的，甚至很多方面还不如现在的你。我们是从一个农业大国通过工业革命、互联网革命演变成世界第二大经济体的，两场革命成就了今天的中国。革命的本质就是创新，迎头赶上，要学会找回曾经的自己，而不是用出身论迷惑自己的双眼。

不同平台也有不同的红利曲线，直播电商最成熟的平台是淘宝，而拼多多正蓄势待发，虽然两家平台都坐拥几亿用户，但在直播电商这个生态，已经看到了明显的高低门槛。

淘宝采取头部玩法，流量过于集中在明星主播身上，这就好比一家电视台，只有两三个台柱子，其他都是配角。这就制造出一种现象，即依附于平台的大主播，自身成了直播电商生态的渠道商、广告商。当然对于这种现象平台一直在寻求改变，我们重点讲述拼多多平台的红利。

4. 拼多多"顶流"达人案例

为了更好地帮助读者理解拼多多平台的红利，我特意采访了被媒体称为拼多多"一哥"的徐子阳，徐子阳账号在3个月时间内疯狂涨粉125万。（见图5-6）

图5-6　徐子阳助农直播预告海报

受拼多多官方邀请，2020年5月17日，拼多多联合大宝男士魔兽世界IP礼盒的首发专场活动在徐子阳直播间举办；6月7日，徐子阳与湖南卫视主持人汪涵、歌手大张伟等做了芒果扶贫云超市大直播，成绩斐然。

由于拼多多直播板块启动不久，尚未有太多可借鉴学习的数据资料，徐子阳团队就从零开始，通过不断地尝试各种选品并结合不同的直播带货模式，积攒大量的数据，然后进行分析复盘，一点点摸索着粉丝用户的喜好，寻找运营技巧，制订合理高效的运营计划，最终成为一颗冉冉升起的新星。

据统计数据显示，徐子阳账号在拼多多直播的人气主播排行榜上位居榜首，每日在线观看人数峰值破百万，远超其他同期的主播，成为拼多多平台的"顶流"。

我为其精心制订了带有浓厚逆袭色彩的采访流程，包括观点、心态、经验等内容，借用他本人最朴实的语言，试图将这个账号的发展历程展现给读者，以供读者参考。

子阳观点

在拼多多这个电商平台，电商才是最大的价值，一个合格的人设（主播）+极致的供应链才是正道，因为对于粉丝来讲，你需要为他们负起责任，负责的具体体现就是便宜不等于便宜货，这需要主播具备强大的供应链基础，同时需要按照粉丝的要求帮助他们与商家谈判讲价。记得刚开始做的时候，由于采购量不大，厂家无论如何不肯降价给我，因此我本人是真金白银地往里贴钱，为的是不愿意粉丝多花一毛钱。

简单来说，真诚的人设+质量有保证的商品+足够低的价格=在主播赛道拿到了可持续发展的门票，至于最终会不会成为王者，还需要努力与坚持。

子阳心态

之前我在抖音和快手也都有尝试，但是碍于面子，觉得不好意思，急于求成，抱着想尽快变现的目的，结果都做得不好。后来我放下了一切包袱，也正是这个时间点，朋友建议我去拼多多，没想到，最自然的情感流露以及毫不遮掩自己的喜怒哀乐和粉丝们互动，让我迅速获得了很多人的喜爱。可能在做直播这件事上，对我自己而言，回归最真实的自己，面对身边的所有人，是最好的一种方式。但大多数人做不到的点在于，他们不愿意将自己最真实的一面拿出来，抛向公众，让别人去评审。

所以我在直播间，一直保持发挥本色，我会表演说唱、讲内涵段子、倾诉心声，虽然这看起来不会特别高大上，但我知道拼多多的观众跟我一样，大都朴实平凡，我用自己的经验很好地感染了他们。

子阳经验

当粉丝增长到1万的时候，我才开始逐渐明确粉丝需要什么，因为在这之前，我几乎不提任何商品。那些几乎每天都在我直播间停留一个小时以上的粉丝们开始提出想让我帮他们挑选商品，他们会关注我的衣着、零食及小摆件等，可能是关注我本人的原因，他们特别喜欢我身上的这些东西，但这些真的不是用来销售的，我婉言谢绝了他们，但自己心里却埋下了一个带货的种子。

我是比较能耐得住性子的人，在不到20天内，粉丝涨到了20万，还没等我有筹备供应链计划的时候，许多商家主动找到了我，包括个人护肤品、食品、服装、电器等各领域商家，但由于没有选品经验，也出现过性价比不高被吐槽及某些商家服务没跟上的问题。正是由于这些问题的出现，我逐渐摸索出了一套选品规则，制定了针对供应方的惩罚条文，最大限度地避免了翻车。

就这样一路摸爬滚打，粉丝也在一个半月左右突破了百万，直播间各项数据的表现也都非常不错，吸引了拼多多官方及更多知名品牌方的关注。受拼多多官方邀请，2020年5月17日，拼多多联合大宝男士魔兽世界IP礼盒的首发专场活动在我的直播间举办，这次专场直播带货量超160 00件，平台总曝光量达2个亿，专场GMV达到大宝男士专卖店1个月的销量。

随后，好事连连，我又与湖南卫视主持人汪涵、歌手大张伟等做了芒果扶贫云超市大直播，成绩都还不错。

在我看来，今天直播这一行的竞争越演越烈，自带"快生快死"的属性，可能不出一个月，因为种种原因，比如运营不善、资金不足、主播本身不努力等，主播就会被别人迅速赶超。这也是这一行的危险性，所以想要入这一行，要做好万全的准备。这一行当然有很多机会，但重要的是坚持与有一股闯劲。

通过所谓的刷粉、刷单等一系列手段吸引流量的方式在我看来意义不大，短期造势可以，但从长期角度来看，主播本身要先具备自己独特的特点，这一点尤为重要，也就是你和其他主播不同的点到底在哪里？你为什么能带出去货？搞清楚这两个问题，我觉得其他一切也都会迎刃而解。没有竞争的行业毫无生机，有竞争是好事，我会专注这个赛道，保持专注，给粉丝带来真正的福利，向更多的优秀主播学习，完善自己。对于我来说，做好自己就够了。

子阳期待

希望借助这本书的小小分享，可以给读到此处的您，带来一些提示与启发。我叫徐子阳，希望得到您的喜爱与支持。如果有机会，我非常乐意与您面对面分享，把我所知道的讲述给您听。

　　以上采访均为徐子阳本人口述，我做了文字整理，从中透露出一个普通人在新的平台上，是如何通过个人的努力一步步实现自我价值的。普通人奋斗没有太多的捷径可循，真实勤奋是他们的内核。

CHAPTER 6

第六章

拼多多直播速成

截至目前，拼多多仍以店播为主。对于工厂主及档口主这些原本不是电商起家的群体而言，直播最大的困扰来自基本技能、技巧。本章内容针对这个痛点展开，特别强调直播对电商内容及销售场景升级的影响。从零开始筹划直播团队，策划一场有目的、有计划的直播活动。同时帮助商家及达人主播做好人设打造、内容规划等。

第一节

出名要趁早，直播要趁热

1. 出名要趁早

唯一不变的就是变化，变化已经成为常态，从互联网+、O2O、IP打造、新零售到电商直播，都体现着变化。这几年，营销界新词迭代速度不断加快，商业风口从原来的几年缩短至半年乃至更短。或许很多人还没开始行动，营销大环境就已经变了。张爱玲说，出名要趁早。这是鼓励人们要在年轻的时候为自己的理想奋斗，建功立业。

当然这里的出名要趁早，其实是在鼓励更多人要果断抓住风口，不要犹豫。我身边很多做实业的朋友会就一件事要不要做讨论好几个月，我戏称他们为"90后"，因为决策任何一件新鲜事都需要90天以上，往往错失良机，自己的踌躇不前筑高了进入门槛。

先入为主几乎成为定律，无论是传统生意还是互联网生意，先入局者得天时地利之势能，可以事半功倍地成就自己。这其实就是排队模式，排在前面的，红利自然就相对多。我们一定要明白一件事，成功的背后不仅是操盘者个人的努力，还有借势，假如没有发达的物流体系，相信电子商务无论如何也没有发展起来的可能性。因为有了火车，零售领域才出现了邮购模式；因为有了私家车，驻扎在郊外的大型卖场才会出现。同样的道理，因为有了移动终端、在线支付、4G网络，才有了直播这个新事物。

在互联网时代，任何一项新的商业模式的诞生，都是社会的综合助力结果，当它根植于互联网技术的背景出现时，就不是你眼中的营销炒作，而是趋势的具体体现，是社会驱动了产业的创新及崛起，放手入局，早日出名是一种正能量的商业态度。

2. 直播要趁热

趁热进入直播赛道，有几大优势。直播来自平台的推动，平台为了自身的发展壮大，会在政策、流量、技术层面扶持商家及达人，比如截至2020年6月，拼多多对开直播的商家或达人进行流量扶持，每拉新一个微信好友流量，平台会导入30个流量，让你的直播间从一开始就有基础人气。我首次在拼多多直播间解读一本营销类的书籍时，13分钟内新增粉丝127人。（见图6-1）

除了流量扶持，趁早直播

图6-1　拼多多测试直播图示

还是一条低成本试错的路径，直播是个技术活，涉及多方面的细节，尤其是在主播的人选、人设、定位及风格、组货、技巧等方面，都需要前期的摸索，增强网感及体感才能找到适合自己的实操心法，这是从教科书上学不来的。每家企业、每位达人即使做再多准备，都需要给自己试错的空间。

处在草莽期的直播电商，红利以更低流量成本的方式存在，比如在公域平台快手直播，通过打榜的方式获取一个粉丝，大约需要2元，但这个成本可能每半个月都不一样，所以趁早就是最节约成本的一种策略。

在闪电式扩张的 7 条"反常识"原则中，就提到了"拥抱混乱"这个概念，它告诉我们在创业、创新过程中，可以为了速度而选择牺牲效能、牺牲安全感，这意味着传统专注于认知秩序和规则性的需求，让位于拥抱一定程度混乱的存在。

这种混乱是现实存在的，比如产品如何满足直播间需求，旧的组织架构该如何调整，老员工该如何调岗安置等。这些混乱是升级迭代中无法避免的困难，个人也是一样，你面对选择，需要考虑放弃目前的工作，放弃既定的计划等，这都是挑战。但这是适应变化所遇到的良性挑战，所有的挑战都是练兵。

拼多多直播间的人货场升级

我们在前文谈到人找人这个商业场景，这不仅是直播的场景，更是消费方式转变后的结果。现代人，尤其是年轻一代，边看边买边分享成为他们购物的主流方式。

直播成为购物的入口，其比图文、短视频甚至比好友推荐，更能满足用户的猎奇心理，直播是一场电商系统升级，将兴趣、娱乐与购物融为一体，将带来新的人货场理论。

1. 对人的升级

（1）升级购买行为

拼多多一直用游戏的方式将购物捆绑在其中，但游戏的娱乐属性还不够强烈，直播的方式强化了购物的娱乐属性，购物因此变得更加轻松愉快。同时直播又承担了教育示范功能，通过主播的专业讲解，用户可更加短、平、快地了解那些无法用图文表达清楚的商品价值。

（2）升级销售行为

这里特别强调一下，日常生活中，存在相当大比例并不会购物的人，这是因为人在非专业认知的领域，对于商品的信息掌握量其实非常少，需要经常请教专业人士。而直播起到了主动送达、免费请教的作用，节约了不少用户的时间，这比拼多多平台上的其他销售工具更具主动性。

（3）升级受众定义

网红、达人、主播、自媒体最大的价值就是拥有粉丝的数量及精准度。在直播这个商业场景中，我将粉丝定义为观众，理由如下：粉丝是一种浅层关系产物；互联网技术将关注这个行为变得极其简单且零成本；关注后成为粉丝并不能体现彼此之间的黏性。

而观众则不一样，按照电视媒体收视率调查方式中的日记卡法计算：记录时段设定为15分钟，即以15分钟为一个记录单位，当样本人员在15分钟内收看某一频道的累计时间超过8分钟时才可记录，才可算作一个收视率，也就是说观众必须观看满8分钟才能算作有效，这就对观众的定义给出了一个时间要求。

8分钟对于短视频来讲可能滑走了3条以上，而直播是长视频，在8分钟内完全可以讲透1～3款商品，能够完整观看3条商品讲解的粉丝才可称为观众。否则对直播以信息流方式存在的拼多多而言，这个粉丝可能是在不停滑走中观看直播，但对具体店铺跟商品而言，其意义可以忽略不计。因此，我将具有时间黏性的粉丝称为观众。

2. 对货的升级

（1）升级了商品的流通形式

在新的场景下，商品流通方式发生变化，商品流通不再仅仅依赖拼多多的渠道功能，而是主动发起、直面用户，缩短了商品流通路径，配合优秀的主播，强化了产品零售竞争力。

（2）升级了商品的研发形式

直播方式提升了信息反馈速度，这样企业可以快速调整生产计划、产品研发计划，以市场需求为导向，合理安排生产，就不会造成库存积压。

（3）升级了商品的传播形式

直播承担了商品的广告教育工作，在图文时代，很难立体展现商品的优点，对于图文每个受众的理解深度与角度是不一样的，静态传播最大的问题在于产生误解的机会增多，对促成用户下单非常不利。而在直播场景下，主播可以反复无死角地介绍商品特点，实现了立体动态的讲解传播，即使是非知名品牌，也能通过这种现场感打动用户。

（4）升级了商品的发布形式

科技日新月异，许多具有技术创新的商品，由于企业实力限制无法独立举办大型的发布会，只能躲在展会的角落里默默无闻。直播为这些具有创新特点的商品提供了免费的商品发布机会，我们在新品发布的时候，可以针对该商品特点，通过对"乔布斯们"的模仿，举办一场线上发布会，这样可以非常好地扩大声誉，体现商品价值，突出IP形象、现场带货等综合效应。

3. 对卖场的升级

（1）扩大商业半径

第二章大篇幅讲述了拼多多社交拼购的内容，拼多多通过社交关系链，将商品信息传播出去，在不断破圈的裂变催化下，实现团购的目的。社交推荐是一种一对少的人找人方式，而直播是一对多的人找人方式，在两者之间，直播获取的受众产生了量级的变化，实现了传播对象数量上不封顶的效果。我们可以将直播看作电视媒体的线上化，以前商家或导购只能同时针对数量有限的人群叫卖推销，现在可以通过直播对全国人民发起销售，商业半径扩大了万倍。而投入成本控制在人人都可接收的范围内。

（2）强化社交基因

邀请好友看直播比邀请好友购物多了一个娱乐属性，更能引起好友的兴趣。好友进入直播间停留的时间相对较长，产生购买的机会也就随之增多，同时好友看到的是产品矩阵，而不是单一的产品介绍，连带销售也成为可能。

（3）卖场IP化改造

打开拼多多看到的都是静态的商品，缺乏温度，购物是一种多维度的心理驱使的结果。拼多多的加分项在于商品的低价与游戏化的购物方式，但这对某个商品或者某个店铺的印象分来说还远远不够。随着直播热潮的兴起，人们更倾向于选择那些具有人性特点的商品，商品+人才是完整的认知公式。而直播就是可以将店铺、商品IP化的最有效的方式，通过直播，卖场不再是一个只有货源的ID，而是一个人性化的秀场，具有温度、信任度。

拼多多直播入口

1. 达人主播入口

方法1：进入个人中心，点击头像，进入"多多直播"，点击进入即可，直播设置点击右上角小齿轮。

方法2：点击"直播"，进入直播界面，右上角点击"我要直播"即可。（见图6-2）

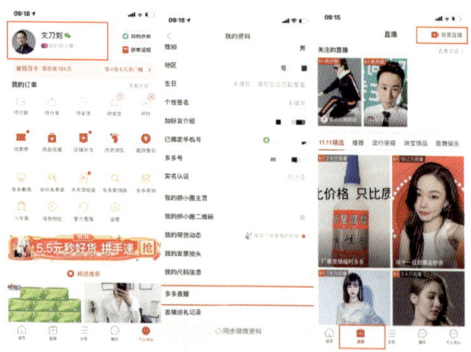

图6-2　拼多多达人主播入口图示

2. 添加商品及绑定PID

①创建开播后点击小红盒；②添加商品；③绑定"多多进

宝"账号；④进行PID的绑定。（见图6-3）

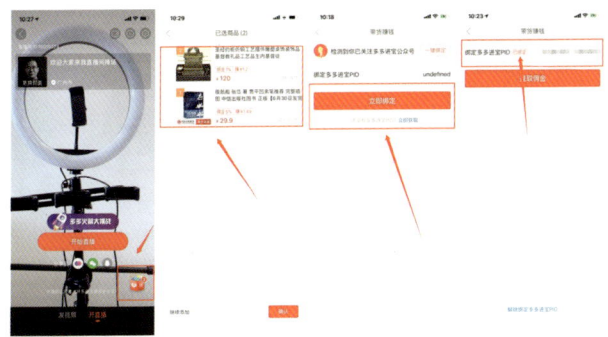

图6-3　拼多多添加商品及绑定PID图示

3. 多个达人佣金结算

主播佣金计算和提取在多多进宝后台，链接是https：//jinbao.
pinduoduo.com/。

（1）路径

多多进宝后台→效果数据→推手推广效果→推广位管理→新
建推广位。（见图6-4）

图6-4　拼多多佣金计算及提取图示

（2）注意事项

①每个PID的佣金结算，会统一到当前多多客账号中；②在"推广订单明细"可看到每个PID推广成交的效果；③复制PID进行绑定，绑定时需要注册"多多进宝"账号并用手机号码验证。

4.　如何在直播间添加商品

（1）通过商品收藏进行添加

①进入商品详情页，点击"收藏"；②在直播页面点击小红盒；③"导入收藏商品"可以一键导入所有收藏商品，包括购买过、浏览过的商品。（见图6-5）

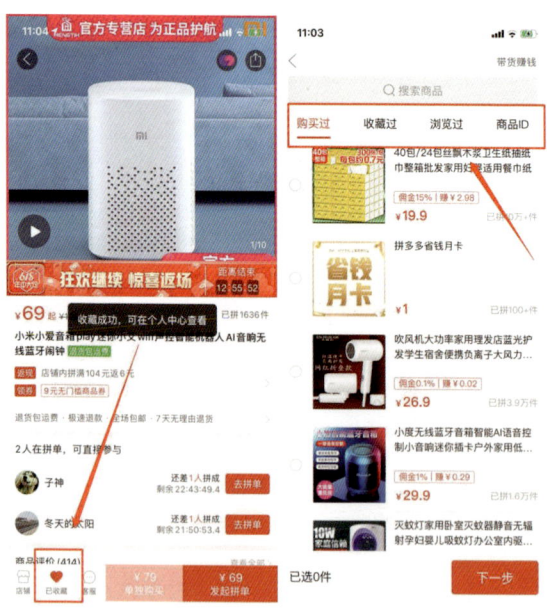

图6-5　拼多多通过商品收藏添加商品图示

（2）通过商品ID 进行添加

①找商家咨询；②在"多多进宝"后台查询；③找到想卖的商品ID，在中间区域输入商品ID（点击长链接，记录"goods_id="后面接的数字，就是商品ID），确认添加即可；④在多多进宝首页找到想推的商品，点击"立即推广"， 选择直播达人，然后点击"确定"。拼多多通过商品ID添加商品的操作见图6-6。

图6-6　拼多多通过商品ID添加商品图示

5. 如何检查商品佣金

在多多进宝网站搜索"商品ID"或者"商品名称"查看商品佣金设置情况。（见图6-7）

图6-7 拼多多检查商品佣金图示

6. 直播专享券

直播专享券需要商家给主播配置，该优惠券只能在直播间领取。①打开拼多多商家版（版本为2.6.3之后的版本），点击"优惠券"；②点击右上角"添加"，选择"直播券"；③设置优惠券信息，可选择固定商品，完成后点击"确认添加"；④创建成功后，默认授权本直播间，还可通过设置授权给其他直播间；⑤直播间ID获取方式：在直播记录页面可以查询直播间ID。拼多多直播专享券设置见图6-8。

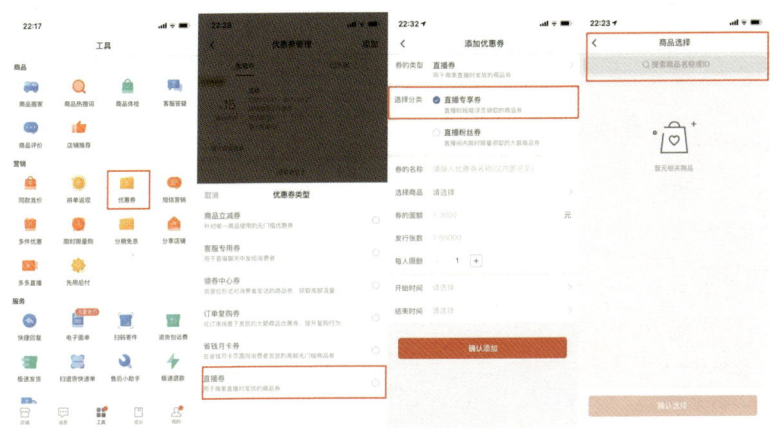

图6-8 拼多多直播专享券设置图示

7. 主播如何发红包

①用户需要关注且分享才能领红包；②红包领取后自动提现到微信钱包；③主播端"发福利"→"营销神器"；④输入发放的金额。（见图6-9）

图6-9 拼多多主播发放红包图示

8. 商家直播入口

（1）直播路径

①打开拼多多商家版；②点击"多多直播"进入，你会看到一个完整的直播后台；③点击"一键开播"或"创建直播"进入直播界面。（见图6-10A）

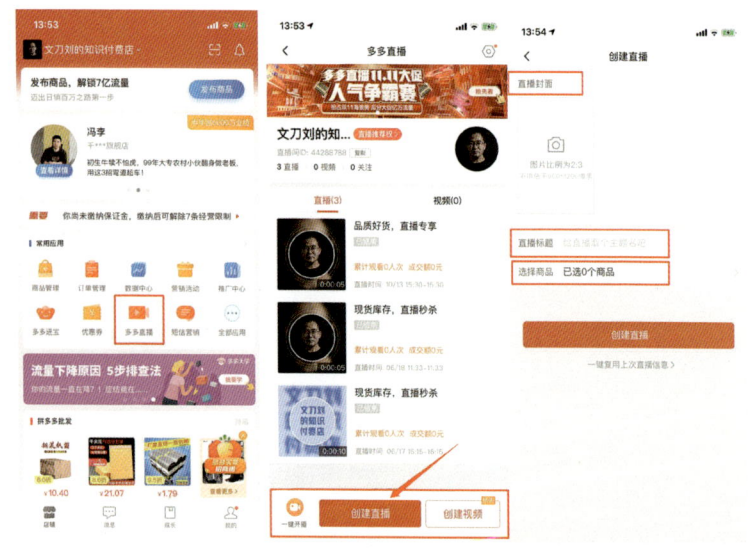

图6-10A　拼多多商家直播路径图示1

（2）直播权限

①"拼多多商家版"客户端版本升级至版本3.0.8；②已缴纳店铺保证金且符合阈值；③在平台有正常的经营行为且无任何平台违禁记录；④非平台禁止直播类目。

（3）直播设置

①首先看到的是头像，头像设置最好是美女、帅哥，除非是非常知名的品牌，一般不建议用LOGO图。

②店铺下方是直播间的ID号，你会看到右边会有"复制"两字，非常方便主播分享。

③ID下方显示你的直播场次、短视频数量及粉丝关注数。

④接下来最大的区域有两个板块，第一个是直播可回放的内容，每次直播默认可回放，自动保存；第二个是主播上传的短视频内容。

⑤本页最下方的菜单栏共有三个："一键开播"这里不需要制作封面、不需要写直播标题，也不需要上架商品，属于轻直播，方便主播随时记录一些值得给观众看的内容；"创建直播"进入直播前的编辑页面分别有直播封面、直播标题、选择商品等必填项，点击创建直播键即可开播；"创建视频"分为两种视频，第一种为

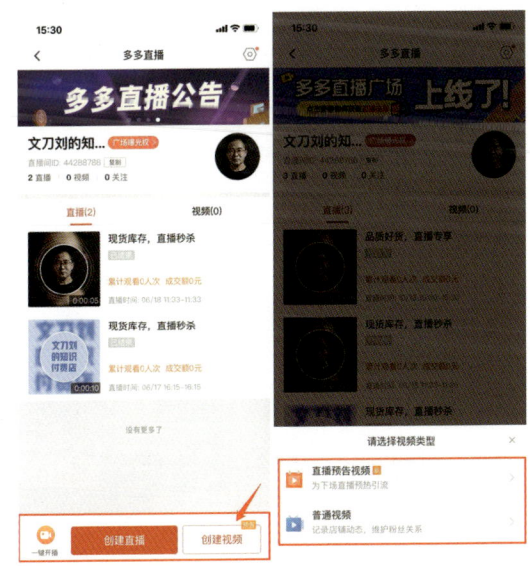

图6-10B　拼多多商家直播路径图示2

直播预告视频，为下场直播预热引流，第二种为普通视频，主要展示店铺动态，维护粉丝关系。

⑥短视频非常重要，尽管目前拼多多不能像抖音及快手一样将短视频前置，但短视频是主播IP、店铺的名片，观众可通过短视频了解并强化他们对主播的价值认同及强化对店铺的认同。（见图6-10B）

（4）核心流量来源

①当任何一个商品能够上秒杀、首发、推文等拼多多站内核心流量位时，都可将该商品加入直播间小红盒，保证直播间拥有更大曝光度。

②当商品正在被讲解时，商品详情将出现在直播悬浮窗入口，这能为直播间带来流量。

③粉丝关注店铺后，点击进入底栏"关注"页面，可以看到关注店铺直播动态。

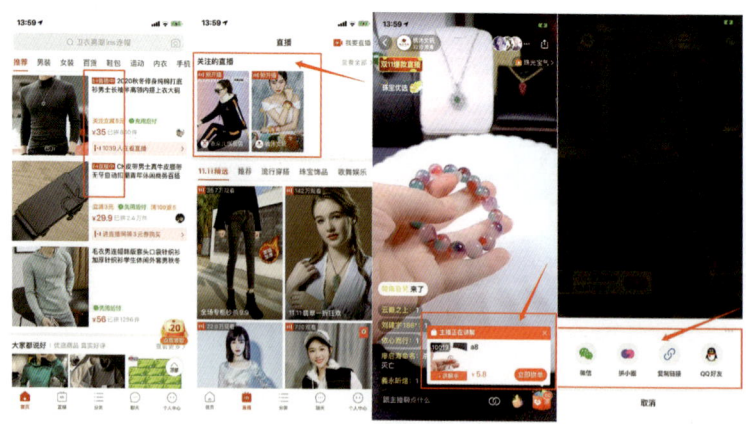

图6-11　拼多多直播核心流量位图示

④个人分享，积极分享直播到微信群、粉丝群，同时可在直播中引导粉丝帮忙分享，快速积攒人气。

⑤短信营销，巧妙使用"短信营销"工具，快速为直播间积攒大量粉丝，具体使用方法联系招商运营。拼多多直播核心流量位见图6-11。

（5）如何设置直播专享券

①保证"拼多多商家版"客户端版本升级至版本3.0.8，打开工具→营销→优惠券→右上角"添加→直播券"，选择"直播专享券"，即可设置。

②添加完成后，本店铺不用授权可直接使用，同时也可以授权给其他直播间，点击"授权直播间"→输入"直播间ID"（直播间ID可在创建直播界面昵称下方查看）。（见图6-8）

备注事项：①目前仅支持商品直播专享券，直播专享券仅在直播时段展示，买家仅可在直播间内领取；②添加成功后，可到"优惠券"中查看生效优惠券，同时可"增加张数"，iOS系统左滑/安卓系统按可取消优惠券；③主播添加商品、讲解商品时，可查看优惠券剩余数量；④买家在购买商品时，可直接选择"领券拼单"，即可跳转至商品详情页；⑤买家进入商品详情页后，即会弹出"直播专享券"信息；⑥主播在直播时，可使用子账号配置优惠券，子账号配置优惠券方法等同于主账号。

（6）如何设置直播粉丝券

直播粉丝券是用于在直播中引导粉丝收藏和分享并增加人气的店铺优惠券。①保证"拼多多商家版"客户端版本升级至版本3.0.8，打开工具→营销→优惠券；②点击右上角"添加"，选择

"直播券"；③选择"直播粉丝券"，设置优惠券信息，可选择本店商品，券的面额要求不低于5折，不大于500元，设置完成后点击"确认添加"；④创建成功后，点击"授权本店直播间"，授权给本店直播间，若需要授权其他直播间则点击下方"授权其他直播间"。（见图6-8）

备注事项：①被授权直播间在直播时，配置直播粉丝券的商品若在小红盒中，则可选择配置该粉丝券对应的活动，将优惠券开放给用户领取。除此之外，粉丝券不可在任何其他地方领取；②直播间ID获取方式：打开"多多直播"，昵称下方即显示"直播间ID"。

（7）直播间红包的发放及作用

①发放红包金额越大，频率越高，获取流量机会越大；②疯狂吸引粉丝，备战来年生意；③直播间上下滑动优先展示；④红包直播间专属广场；⑤创建方法：将"拼多多商家版"客户端版本更新至版本3.0.8，点击"营销神器"，填入金额即可。

备注事项：①商家可以使用账号广告余额或微信支付营销红包；②发放营销红包个数无限制；③单个直播营销红包最大金额不得超过2 000元；④最大红包个数不超过500个，最小金额红包/个数由直播间当前在线人数决定；⑤发放金额单个用户最大不超过4元，最小不低于0.2元（见图6-9）。

9. 观众入口

（1）用户发现

①在首页最下端的主菜单栏中，出现"直播"一级入口，点击进去后会发现，最上栏的部分为"关注的直播"。上滑页面，会出现推荐菜单栏，而且推荐菜单栏会自动变成固定不动的主菜单栏见图6-12A；手指滑动到你喜欢的品类后，就会呈现该品类的热门直播；②在首页的热门栏中，下拉"直播中"标签会显示在产品名称左侧，点击进去，直播浮窗会在详情页首图的右下角，点击可观看；③直播中店铺，在店铺主页、优质店铺内所有商品详情页、普通店铺讲解中商品详情页将会展示露出直播悬浮窗；④在首页、搜索、推荐的商品列表中，商品名前将出现"直播中"标签；⑤商品详情页、搜索、订单、商品收藏等页面内的店铺名称后将出现"直播中"标签。（见图6-12B）

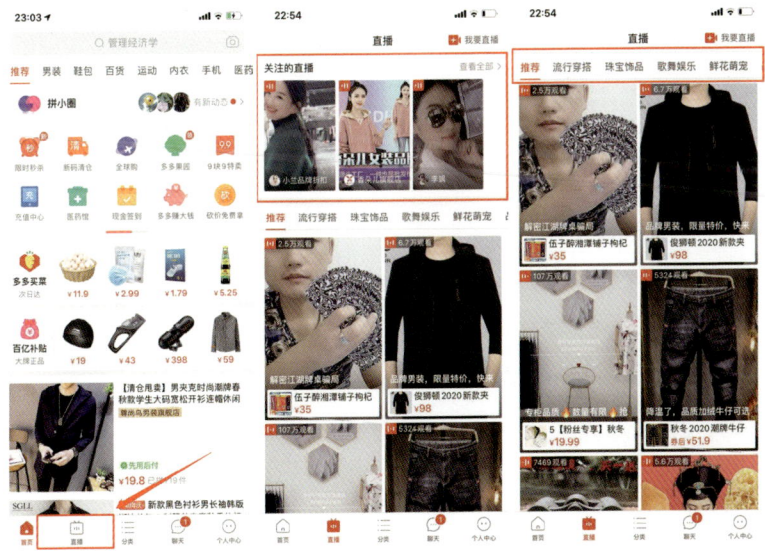

图6-12A　用户发现直播入口图示1

图6-12B　用户发现直播入口图示2

（2）用户收藏

①直播中店铺，在个人中心→店铺收藏将会收到开播提醒的红点；②店铺收藏列表中，直播中的店铺将置顶；③店铺收藏动态中，将出现直播间入口；④关注主播后，可以收到直播提醒，而且在所关注主播的列表中，能查看到哪些主播正在直播。

（3）入口特征

与天猫、淘宝电商的直播入口不太一样，拼多多的直播入口更像一个标签，贴在正在直播的具体商品上，显得很零碎，这是因为拼多多将直播定位为工具，直接赋能在具体商品之中，强化对商品本身的销售拉动。当观众点击进入任意直播间后，就等于进入了一个直播信息流平台，满屏显示，上下滑动就可进入不同店铺的直播间，跟抖音一模一样。

10. 观众权益

直播作为传播工具，依然延续了拼多多社交化的基因，邀请好友观看与邀请好友拼团保持一致的传播路径。粉丝邀请好友进直播间并产生购买行为，拼多多会给予邀请人福利奖励；同时主播可以定时发红包，吸引观众停留，并通过截图抽奖等方式，鼓励观众点关注，增加粉丝数量；拼多多主播为吸引更多粉丝观看和分享，直播期间会不间断发放直播专享券和直播粉丝券。（见图6-13）

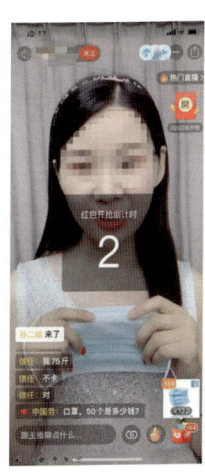 

图6-13　拼多多直播分享图示

直播策划概论与执行规范

1. 直播策划概论

此处借鉴移动营销公司氢互动提出的基于直播营销的"IMBT电商直播方法论",包括内容创意及IP、预热媒介计划、现场福利计划、技术控场四个部分。直播电商从来就不是单点作战的营销,在看似一个人表演的背后,实则需要规范化的流程细则、团队及技术的配合。

(1)一场直播等于一场综艺脱口秀

用综艺真人秀节目的规格来做一场直播营销,是确保直播成功的方式方法,更是态度。这里不是要求每个主播或企业都大手笔投入一场盛大的直播,而是要求我们学会为直播搭架子、理细节。好比举办公司的年会,年会的主题、主角、主节目、流程、舞台、道具等都需要一个小组长达半个月时间的策划才能付诸实施,做一场直播就等于缩小版的年会或者综艺节目,规格小,但不意味着功能少。尤其是在直播过程中的互动设计,主播在什么时间说什么话?在哪些节点上发福利?刺激销售还是用金句、段子增加观众黏性?这些都是内容设计上要重点考虑的问题。

（2）直播间引流重在预热

现场能来多少人，取决于直播前有多少人知道，知道的人越多，知道的内容越详细，不仅越能确保直播间的人气，还能过滤掉无效观众。这就要求直播预热信息广撒网、跨平台传播，比如在微博、微信、社群等媒介投放。

预热广告也有价值，比如进场得福利、抽奖、红包发放等。随着直播电商的日趋成熟，竞争也会愈加激励，单独靠平台流量不足以支撑直播间人气。

（3）福利是直播间的"520"

福利既是爱也是胶水，是保证流量黏性的第一前提。对观众而言，直播现场的福利可以增加用户对企业的好感，进阶式的福利发放又可以刺激销售、促进分享。直播营销福利的玩法也很多，比如红包发放、卡券发放、秒杀商品、买送等。

（4）场控是直播间的总导演

直播电商是一场卖货综艺，需要呈现出高级感，主播在前台表演，台下的场控人员要应对八方，包括突发情况的处理、弹幕管理、现场背景布置、效果评估、彩蛋放送、设备调试等。尤其是选用跨平台直播时，细节场控做得好才能达到声量和销量的双赢。

IMBT电商直播方法论强调，一场电商直播活动必须以内容创意为爆破点，以预热为流量基础，以福利为驱动，以场控、技术手段为保障，这样才有可能达成品效合一，实现流量转化变现。

2. 私域直播电商

我们用了一整章的内容讲透拼多多，帮助读者理解拼多多社交电商背后的方法及逻辑。社交化的本质就是流量私域化，用户的每一次分享都是通过微信渠道传播的。张小龙公开表示，微信就是一个链接工具，不是平台，也不是生态，内容及流量都是用户自己创造的。拼多多正是通过这样的流量破圈获取了大量的用户基数。

同样，拼多多直播也势必会以私域流量作为其重要的流量。拼多多直播除了平台公域流量的扶持外，还需要主播在直播预热阶段大力用好私域流量，尤其是对微信流量的争取。需要建立以社群为核心工具的私域流量矩阵。

用"直播+社群"的模式可以把所有的电商重做一遍，直播替代内容，社群就是流量。在拼多多生态中，社群还可以是推手聚集地，商家或主播可以把多多客聚集起来，以2B的方式扩充流量。

从这个角度分析，拼多多直播跟微信的看点直播、小程序直播、企业微信直播有着非常相似的流量获取方式，我们会在第七章展开讲述如何搭建私域流量池。

3. 直播项目的执行规范

（1）直播方案制订

IMBT电商直播方法论提供了完整的直播思路设计，这是直播电商的灵魂，有了思路以后，直播团队必须根据思路制订出可供执行落地的直播方案（见表6-1），方案内容包括直播的目的、细节、执行人等。并将该方案传达给执行层中的所有人。一项完整的执行方案包括直播目的、直播简述、人员分工、时间节点、预算控制等五大必填要素。

表6-1　XXX直播方案

×××直播方案	
方案名称：_____　方案时间：_____　制订人：_____	
项目名称	项目内容
直播目的	
直播简述	
人员分工	
时间节点	
预算控制	
签名确认	

（2）直播项目操盘规划

项目执行规划主要用来保障项目推进的完整性，必须制订详细的直播项目操盘规划表。确保执行团队明晰自身的工作内容。（见表6-2）

表6-2　直播项目操盘规划表

直播项目操盘规划表						
日期	_月_号	_月_号	_月_号	_月_号	_月_号	_月_号	_月_号
星期	星期_	星期_	星期_	星期_	星期_	星期_	星期_
阶段	前期筹备			直播执行		后期发酵与传播	
场地							
直播名称							
硬件							
宣传							

（3）直播项目跟进规划

直播项目跟进规划表（见表6-3）的左侧板块包括场地、直播硬件、人员协调等；"内容"栏为板块的简要描述；"形式"栏可以标注项目形式，通常为文字、图片或视频；"发布平台"栏标出具体直播平台；"提交时间"栏需要写出任务截止时间，建议每项工作预留出一定时间，以便审核确认；"提交方/审核方"栏填该项内容的负责人；日期下方的色块即该项任务的推进时间。项目跟进规划表的制订并非完全固定，在不改变直播项目跟进规划表目的的基础上，可根据具体需求进行表格调整，以满足项目跟进的需求。

表6-3 直播项目跟进规划表

直播项目跟进规划表													
板块	内容	形式	发布平台	提交时间	提交方/审核方	前期准备				直播当天	后期宣传		
						1日	2日	3日	4日	5日	6日	7日	8日
场地													
直播硬件													
人员协调													

（4）直播商品明细表/奖品发放流程表

运营需要对所直播的商品及活动奖品做全面的数据分析，包括品牌、平台销量、供货价、利润、特点、链接、库存等。奖品发放流程也须标明奖品名称、中奖规则、中奖人信息等（见表6-4和表6-5）。

表6-4　直播商品明细表

序号	品类	品牌	商品原ID	直播ID	小程序链接	商品图片	商品标题	规格	平台销量	划线价	原供货价	平台售价	直播供货价	直播建议售价	直播库存	活动支持	赠品明细（如果有额外赠品请注明）						竞品价格	竞品链接	卖点	备注
																	赠品ID	赠品名称	赠品规格	赠品数量	赠品图片	赠品价值				

表6-5　奖品发放流程表

活动内容	玩法	奖品ID	奖品名称	赠品商品数量	中奖人	手机	是否满足中奖条件	码数（客服咨询）	地址	详细地址	快递单号（商家填写）	是否添加客户微信	客户反馈截图
①抽奖	用户评论	2291752	女士拼色透气运动休闲鞋	3	××	13389××××××		36、紫色	甘肃省庆阳市西峰区				
					××	13831××××××		38	河北省廊坊市文安县				
					×××	13140××××××			河南省开封市兰考县				
					×××	15189××××××		43	江苏省常州市天宁区				
					××	13955××××××			安徽省宿州市泗县				
终极大奖	③下单有机会抽终极大奖	2301349	男士运动休闲鞋透气跑步鞋	3	××	18092××××××		39	陕西省西安市未央区				
			周大福足金黄金项链	1	×××	13012××××××			山东省青岛市平度市				

人设定位

1. 什么是人设

人设就是回答几个问题，以著名广告人叶茂中先生长期使用一套准则为例：叶茂中是谁？叶茂中能做什么？叶茂中做过什么？我认为这就是最好的人设三问。读者可以将这三问套在自己身上，回答完我是谁、我能做什么、我做过什么，基本上人设的框架就完成了。由于是直播场景，因此现场价值必须体现出来，主播还要回答能为观众带来什么价值。回答出这四个问题，就是一个完整的主播人设。

当人设定下来以后，我们还要考虑这个人设的竞争优势在哪里。人设就是个人的品牌，从传播角度来讲，品牌的彰显力不能太弱，需要有让人记住的亮点，并且要围绕这个亮点，通过短视频、直播现场的表现、选品的能力、服务的能力等不停地强化这个亮点，使之成为主播的超级符号。

2. 人设的四种唤醒方式

如何利用主播的情绪状态进行有效的直播是直播现场研究

的一个重要方向，情绪水平的变化分为四种状态：积极高唤醒、消极高唤醒、积极低唤醒和消极低唤醒。显然情绪的唤醒程度越高，传播的意愿就越强烈。

①积极高唤醒：敬畏之心、消遣之情、兴奋之为、幽默之感。

②消极高唤醒：生气、恐惧、担忧、担心、怕、不确定性。

③积极低唤醒：满足、知足。

④消极低唤醒：悲伤、伤感。

我把唤醒程度从积极和消极的角度分为以上四个方面，在直播的时候，主播要表现出能够触碰到人们内心的高唤醒情绪，比如敬畏之心、消遣之情、兴奋之为、幽默之感、生气、恐惧、担忧、担心、怕、不确定性。如果主播传达的情绪是满足、知足、悲伤、伤感之类的东西，观众就很难对其产生兴趣。尤其是电商主播，只能在积极高唤醒这一个维度发挥自己的直播影响力，通俗讲就是正能量，人们购物消费就是为了解决生活中遇到的问题，如果主播不能带来这种高亢的情绪，观众自然也就会失去购买欲望。比如路边的叫卖声、餐馆传出的叫号声、好消息的通知声等都是积极高唤醒情绪。

3. 人设的口号及肢体语言

我们识别一个人，讲述一个人，模仿一个人，都是从他的口头语及惯用的肢体动作开始的，比如明星模仿秀，除了外形上打扮相同外，就是声音跟动作了，读者可以想象一下歌手费玉清被模仿的画面。

薇娅每次直播开头的第一句话都是"废话不多说，先来抽波奖"。"OMG，买它"的惊呼声及用一只手挡住脸凸显产品的动作，几乎成了李佳琦的专属符号。Slogan（口号）与肢体语言是人设打造的重要部分。当你能引起观众或粉丝围观的时候，你需要帮他们设计一句可传播的slogan以及能比画的肢体语言，注意是需要你帮助他们设计，而不是让他们自己去想。

好的slogan及肢体语言，可以丰富主播人设的内涵，凸显个性，增强记忆点，比如《罗辑思维》的主讲人罗振宇开场总会带出"死磕自己、愉悦大家"的slogan，多年以来让人印象深刻。

内容策划

　　无论是在旧媒体还是在新媒体传播环境下，内容创意都是营销的关键，只有好的内容创意才能吸引并黏住流量。这是一条铁律，直播电商走到今天，仍有很多"票友级别"的观点停留在网红、吸粉、打赏等基本动作上。这样的原生内容对企业营销没有太多实质性的帮助，我们需要围绕人设、围绕产品、围绕增值服务、围绕仪式节奏感来创新内容。

1. 围绕人设做内容

　　人设来自真实而高于真实，可以是你想成为的那个人，但根基还是真实，因为当你走入直播间变现卖货的时候，一切不基于真实所塑造的人设都会崩塌，所以内容产出也会因为不够真实而打动不了观众。

　　著名网红papi酱直播首秀在线观看人数高达2 000万，累计观看人数超5 600万，但是直播过程中的papi酱与之前短视频中的她相去甚远，表现出明显的不适应。她在直播这个场景中成了一个毫无"魔幻力量"的普通人，而这个普通人对观众而言恰恰是陌生的、不自然的。

所以不要虚高地进行人设定位，依据自身事实，发挥长处即可。内容就出自你的长处，当然这个长处是对别人有价值的。比如你特别擅长炒鸡蛋，这就是有价值的长处，你教我如何炒鸡蛋，我就会关注你，甚至给你刷礼物，据调查，像我这种不会炒鸡蛋又喜欢吃的人至少过亿。

当然长处的范围很广，主播可以从美食、美妆、服装、才艺、演讲、阅读、体育等多个方面寻找内容切入口，也可以自由组合自己的长处。

这里引入一个关键词叫"知识诅咒"。简单来说，就是一旦我们知道某样东西，就会很难想象不知道它的时候会是什么样子，就会觉得，自己会的别人大概率也会，自然就失去分享的勇气了。其实任何人的任何长处，都是大多数人的知识盲区。

人设就是定位自己的长处，围绕长处，制订一份简单的教学计划，假设对面坐的都是你的亲朋好友，面对他们，做一回老师。这就是围绕人设做内容的简单尝试。

围绕人设做内容，就是把长处提炼成短剧本，配合slogan及肢体语言，饰演男一号或者女一号，把你的价值展现给观众。

2. 围绕产品做内容

产品就是内容，一个产品一定是由内容填充的，没有内容，产品就不会存在。说什么、怎么说决定了一个产品能够体现出来的价值。所以挖掘、组织、呈现、解说内容的方式和质量会对内容的呈现效果产生很大的影响，内容不仅仅指的是文案、话术，从广义的角度看，通过主播的演绎，观众能通过感官感受到的，对观众的认知产生影响的都可称为内容。

罗永浩在手机发布会上，一款锤子手机能讲3个小时，对于普通产品来讲，即使把"配方"公布出来也很难讲上半个小时，这就是挖掘产品内容的能力的体现。直播电商火了以后，很多朋友向我咨询在直播间讲什么，我都建议他们去反复观看3C类产品的发布会，这些发布会集合了大牛们围绕产品做内容的知识点，这对于电商主播来讲，是最佳的学习模仿捷径。

第二条捷径就是学习电视购物主播对产品内容的挖掘，能对一件商品喋喋不休持续讲解15分钟以上，可谓深谙其道。假如把电视购物搬迁到直播现场，电视购物主播的功底能够秒杀大部分电商主播，这是因为在电视购物时代，媒体费用很高，话术必须精准才能在非常有限的时间内让观众拿起电话行动。

这两条捷径就是产品内容的挖掘机，值得花费时间学习及模仿。配合前文提到的对用户进行切片式分析，总结起来大致可从十个方面挖掘产品内容：①从品牌上挖掘内容，实在没有知名度，就把品牌理念提出来；②把创始人、工程师、研发团队抬出来；③"秀肌肉"把工厂展示出来；④"秀颜值"突出包装优势；⑤公开成分/材料表；⑥展示功效、作用、跑分；⑦用前用后对比；⑧价格对标；⑨晒发货单，展现销量；⑩特别强调适合人群。

3. 围绕增值做内容

增值的核心是指根据顾客需要，为顾客提供的超出常规服务范围的服务，或者采用超出常规的服务方法提供的服务。增值是产品销售的催化剂，它能促使顾客快速决策；增值是在顾客对产品价值满意的基础上，提供更多的利益点满足他们的超预期；增值也是产品的闪光点。

在产品同质化竞争的环境下，仅依靠产品本身是很难取胜的，这就要求我们必须设计出产品之外的增值服务，促使顾客选购。常见的增值服务有以下几种：①包邮；②附送小样、工具；③拍一发多；④免费教程；⑤稀缺性增值服务，特指竞争对手无法提供的服务。

促销是最大的增值服务，我们可以单独就促销开展一场内容挖掘，但对于拼多多生态来讲，由于单价过低，促销空间很窄，因此其只能作为增值服务中的亮点体现。在具体销售场景下，会出现"无赠不买"的现象，足见促销的重要性，而且越重要，越能体现内容空间，主播要善于换位思考，不要把赠品变成鸡肋。促销可以是一个花式催单法，比如买洗发水送沐浴露，等于买了个套装；也可以是一个等值免费法，比如买100送100、免费得一件等。有时候赠品价值大过正品，消费者就会感觉多赚了。

功能特别单一的产品，能挖掘出的内容同样很单一，为了营造直播氛围，增值服务就成了产品内容非常重要的组成部分。甚至某些增值服务所产生的内容远远多过产品本身。

4. 围绕仪式做内容

仪式感就是使某一场景与其他场景不同，使某一时刻与其他时刻不同。中国人向来注重仪式感。从娱乐角度观察，直播电商带货更像一个综艺脱口秀节目，其中的仪式感更是无处不在，比如服装、舞台、道具、动作、节奏等。我特别注意到许多主播连特定的服装都没有，更别说精心策划的仪式感了，许多主播整场直播下来都是坐在椅子上，让人回想起20世纪80年代国营商场的售货专员，显得特别没有精神，属于消极低唤醒状态。

缺乏仪式感，直播内容就会显得特别单调，大大降低了可观赏性。举个例子，当主播在解说一款产品的时候，产品是如何出现在镜头面前的就很重要，主播是随意从地上拿起来，还是伴随肢体动作，甚至背景音乐，"请"出这款产品，其效果都会大不一样。

仪式感几乎从开场到结束，贯彻始终。仪式感的增强不仅可以丰富直播节目的观赏性，增强趣味性、娱乐性，还能使主播达到积极高唤醒精神状态。经过统一安排、打造的仪式感让直播显得规范有序，同时不会让主播突然忘词或冷场。我们以彩妆为例，通过展示产品层面的仪式感范例，读者学会制订自己的仪式感计划，让大家知道，原来彩妆的出现还可以这么富有仪式感。

装扮：固定服装，固定发型，固定妆容。

道具：配饰，台面工具，文宣物料。

欢迎语：开播即用，新入场人数连续增多时用。

举牌：带有产品LOGO的KT板，标明产品特点、今日福利等。

开箱：展示从收到产品到打开的全过程，满足用户的好奇心。

测评：对多种产品进行试用，并且最后给出分析结果。

仿妆：模仿明星的特定妆容，化完之后让人很惊喜。

教学：针对各种场景进行彩妆教学，做知识点的输出。

对比：做妆前妆后的效果对比展示，突出自身的化妆水平。

广告：通过视频贴片播放10秒左右产品广告。

设计仪式感没有固定模式，除了主播个人的slogan及肢体语言要长期固定外，还需要充分考虑商品属性，越是体现商品特征的仪式感设计，越能获得好的效果。

5. 内容生产方式

内容产出方式可分为以下三种。

（1）PGC

PGC就是professionally generated content，是指专业生产内容。内容分类更专业，内容质量也更有保证，这主要依赖主播的自身能力，这类主播不仅能产出优质、专业的内容，还具备流量属性，有一定号召力。PGC中的"P"更聚焦于话题性人物，比如明星、网红、名人。

PGC直播多为双人或多人出镜，有完整的脚本、中控、场控，多机位，此类直播属于专业级，一般只有MCN机构或工作室才可承接。

（2）BGC

BGC就是brand generated content，特指品牌生产内容。品牌的价值观、文化、历史背景、历史业绩、声望、研发实力、企业规模等都是非常优质的内容，罗永浩首场直播就特地将BGC作为重要内容加以呈现。BGC可以很好地起到品牌带人的效果，当主播的直播内容生产匮乏时，品牌价值就凸显出来了。

BGC直播需要主播具备一定的专业能力，对产品及利益点要熟练，由个人或双人出镜，需要简单的脚本和场控协助，此直播类型属于小团队作业，3～5个人即可执行。

（3）UGC

UGC是指user generated content，即用户生产内容。在直播场景下，互动非常重要，不然就变成电视购物的单项传播了，所以用户参与是直播的核心要素之一。UGC充分体现了观众与主播关系的亲密程度，反映出观众对主播的满意程度，一场完全没有互动或低互动的直播不会产生任何效益，所以主播对观众的提问、聊天、咨询一定要实时做出反应，同时要善于抛出话题，甚至通过发福利的方式引导他们参与进来。把直播做成茶话会的形式，需要丰富的UGC产出，主播必须扮演好控场人的角色。

UGC直播不需要主播有太强的专业能力，只需懂产品即可，以个人的直播方式出镜，此直播无须太多的成本及人力投入，一个人即可撑起一个直播间。

场景策划

　　截至2020年6月，主流的直播场景分为以下三种：①产地直播模式——以农产品为主，主播到产地直播，高性价比；②基地走播模式——供应链构建直播基地，主播去基地开直播；③海外代购模式——主播在海外给粉丝导购，镜头随商品变化。

1. 溯源直播场景

　　溯源直播就是产地直播，这是直播电商"货"上一个很大的亮点，主播携带直播设备深入制造端、批发端、种植基地，进行现场直播，直观地拉近了货品和人之间的距离。进入2020年，这场"溯源直播"的风暴，已从国内刮到国外，从电商从业者搭建货品池延展到有供应链资源的货品平台。在人、货、场这三个层面中，货品的场景正在进行巨大的升级。溯源直播充分展现了所见即所得的直播购物体验。

　　溯源直播指的是主播在供应链现场做直播，比如农产品基地、工厂车间、批发市场等。同时也为普通的生产、批发人员做直播带货提供了极大的发挥空间。这样做的好处就是容易打造以产品为核心的场景，可以很好地强化主播的供应链基础，营造真实感。

2. 直播间场景

　　基地走播一般都在室内直播间进行，而通过对室内直播间场地的主体化设定，小小的直播间也能呈现出"购物节"的感觉，比如品牌专场直播、品类专场直播、大促类专场直播、公益类专场直播、节假日专场直播、年货专场直播等。

　　再小的空间也可以有自己的直播电商。许多知名主播最开始都是蜗居在一个狭小的空间开启自己的直播生涯的。

3. 直播间背景设计

　　在直播间里主播当然是主角，但如果将一张脸放置在杂乱无章的背景下，整体画面就会大打折扣。我们秉承少就是多的理念，要对直播间进行规范的装修装饰，让其在小小的手机屏幕中呈现出应有的美感，因为直播背景就是主播的第二张脸。我们要习惯从观众视角看待问题，直播背景布置得好看与否，也会影响观众的观看体验。很多电商主播总想在直播间"把所有的卖点都呈现出来"，这是错误的想法，我们一定要秉承少就是多的理念，把观众最为关心的点展现出来即可。对于观众来讲，画面是有限的，他们只想看到自己关心的话题，如果背景太乱则会造成视觉混乱，不利于他们的决策。

　　广义上来说，直播背景包含了除主播外一切会被观众看到的物体。一般情况下，直播背景是指主播背后的一面墙或者窗户，又或者是货架，以及其他在主播身后的背景。那么，直播背景怎么布置，才能体现直播间的风格，才能辅助提升观众对直播的视觉体验呢？

（1）直播背景墙

1）简洁干净

一定要简洁干净，以纯色或浅色为背景。读者朋友可以留意一下苹果店的装饰，大都以简约为主，假如你把苹果手机的LOGO去掉，其就变成可以承载任何规格、任何颜色、任何造型的电子产品。简约设计不以产品为核心，而是以场景为核心，它能足够宽泛地包容任何商品。例如，如果直播背景是窗帘，那就尽量选择纯色或浅色，更精简，视觉效果更宽阔；深色或者纹路繁杂的窗帘会给观众带来视觉上的压迫感，让人感到不舒服。当然，如果你的直播走的是可爱风，直播背景墙或者窗帘可以用暖色调；如果是成熟稳重风，则尽量以纯色的背景墙或窗帘为主。

2）装饰点缀

如果直播空间很大，为了避免直播间显得过于空旷，可以适当地丰富直播背景。例如，放一些室内小盆栽、小玩偶，干净整洁即可。如果是节假日，可以适当地布置一些与节日相关的物品，或者配上符合节日氛围的妆容和服装，以此来吸引观众的目光，提升直播间人气。

3）置物架

如果直播背景墙或者墙纸风格不适合直播调性，我们就可以用置物架来调节。例如，在背景中的置物架上放一些体现主播风格品味的包包、刊物、相框等。

4）绿色植物

有时候为了让直播间看起来更有活力，我们可以在直播背景中放置一些绿色植物来活跃直播间的氛围。例如可以放置仙人球，其不仅有清新空气的作用，对视力也有好处。

（2）直播间灯光布置

直播间光源主要可分为主光、辅助光、逆光、顶光、背景光等。

1）主光

主光是用来照射并呈现被摄体的外貌和形态的主要光线。主光使景物受光面积较大、较匀称，多用于基本照明和作底色光，主光的基本角度有四种：常用主光照明、宽光照明、面光照明和窄光照明。①常用主光照明的光源一般在被摄对象的左前侧或右前侧45°左右的位置，这种角度拍摄，可使被摄对象的面部特征、轮廓姿态、光影变化等方面的展现效果较好，比较容易被观众接受；②宽光照明的光源一般在被摄对象的侧前方60°左右的位置，同常用主光照明比较，宽光照明使被摄对象表面被照射的面积增大，阴影部分相对增大，帮助加宽狭窄的脸形，但它不如常用主光照明的表现力强；③面光照明的光源在被摄对象正面方向75°位置，这种光线基本属于正面照明，比较有利于交代场景以及人物与环境的关系，不足之处是同宽光照明一样，不适合表现人物的质感；④窄光照明光源在被摄对象左前侧或右前侧15°左右的位置，对于需要强调其质感的被摄对象来说尤为适宜，使用这种光线时，要防止出现明暗各半的现象。

主光布光要注意的事项：光线的投射方向要有依据；要有利

于渲染气氛和塑造形象；实现画面中影调、色调的合理配置；同镜头构成一定的角度；突出重点场景和重点人物。

2）辅助光

辅助光可以给布景中的人物和景物增强立体感，可突出侧面的轮廓，表现被摄体的外形；弥补主光在表现上的不足，平衡亮过高度的光线，辅助光光线的特点是柔和、细致，使暗部得到适当照明。

3）逆光

逆光又称轮廓光，是从与摄像头相对的方向射到人物或景物上的光线，这种光可勾画出被摄体的外形轮廓，区分主体与背景，增强立体感。如果没有逆光，观众就会感觉主播好像贴在布景上。逆光有很强的装饰作用，这种光线能在被摄体周边形成一条亮边，装饰性地把被摄体镶嵌到一个光环中，给观众一种美感。根据实际拍摄需要，这种光线有时可能是正逆光，有时可能是侧逆光。

4）顶光

顶光是从上面向下垂直射到主播和布景上的光线，以给布景的地方照明，同时，还可稍微增加总照度。

5）背景光

背景光又称环境光或天幕光，用作背景照明，主要任务是使照明达到最大的均匀度，使背景各点照度尽可能一致。在网络主播布光中，背景光的运用通常要求光线要简单，切忌喧宾夺主。

直播间硬件设备与软件工具

1. 直播间硬件设备

工欲善其事，必先利其器。做直播需要哪些硬件设备及软件工具呢？

（1）手机直播设备

1）两部手机

两部手机，一部用来直播，一部用来放音乐做伴奏或者在做带货直播时用来做客服。对手机的要求：一是画质清晰，传输中不会压缩；二是长时间直播稳定性好。可根据自己的情况选择。

2）一个外置声卡

好的声卡可以避免声音出现杂音、延迟、失真等问题。娱乐类的声卡还有混响、电话音、降噪、变声等功能。外置声卡需要兼容手机、电脑、平板，支持双设备连接，也就是能支持两个手机直播、两个话筒工作，这样能满足两个人同时直播，或者是多平台直播。

3）一支麦克风（话筒）

麦克风的品牌种类有很多，建议选择电容麦克风，它的优点是频率范围广，音色细腻，录下的声音层次很丰富。

4）支架

支架的形式非常多，有多个机位（手机+声卡+麦克风+补光灯）一体的，也有分开单个独立的，有落地的、台式的等，根据自己的需求选择即可。重点考虑直播支架的可伸缩性和可扩展性，稳定性要好，占地要小。基本上对于新手主播来说，百十元就可以搞定，当然要求高的也可买更专业的设备。

5）监听耳机

耳机主要用来监听自己的声音，有入耳式、头戴式的，一般入耳式的就可以，根据需要可选择双插头、加长线的。

6）补光灯

环形的补光灯是目前大家普遍使用的，可调节光的色温（暖光、白光、柔光）。补光灯俗称美颜灯，大小一般是10~18寸，根据直播场景选择。建议选择暖光和柔光比较好。

（2）直播间设备

电商直播对产品展现效果的要求很高，无论是色泽还是形状，如果这两方面出现问题，就会有被投诉货不对板的风险，因此对于直播间所需的设备投资一定不要吝啬。

1）电脑

电脑尽量采用当下流行的配置，这样在直播时，画面会很流畅，不会卡。我建议买台式机，不但便宜一些，而且同样配置台式机性能高于笔记本，还有就是台式机用内置声卡收音更加稳定。显示器在19~25英寸较为合适，尽量买润眼系列的显示器。笔记本电脑尽量选择显示器不低于15英寸的，太小的话可能无法正常显示直播间的信息，多数直播平台是支持宽屏的。

2）宽带

宽带选择非常明确，尽量选用10兆以上光纤宽带，光纤宽带上行与下行可以同步，再不济也不能低于4兆电话线宽带，电缆传输信号的宽带，其上行速率只有下行的一半。

3）摄像头

摄像头是形象代表，是决定主播形象的首要因素，一款性能良好的摄像头，能让主播变得更美、更好看。摄像头主要有红外摄像头和高清摄像头，目前以高清摄像头为主。

4）声卡

①电脑声卡，主播需要的设备中，摄像头和麦克风都可以与所有电脑兼容通用，但声卡是个例外，声卡分内置声卡和外置声卡。内置声卡只能用在台式电脑上，且电脑主板必须有空置的PCI插槽；外置声卡主要用在笔记本电脑上，也可以用在台式机上，通过USB插口接入。总体来说，内置声卡效果会比外置声卡好，效果还是要靠调试。有些声卡是内外置通用、手机电脑通用的，或者用根转换线就能通用，购买时可以咨询下客服。②手机声卡，手机直播逐渐成为主流，专门的手机直播设备也应运而生。专门的手机声卡比较方便，可随身携带。

5）电容麦

电容麦的种类非常多，从一百块到几万块的都有，话筒有麦圈话筒和电容麦。建议主播选电容麦。一般情况下选择电容麦要参考两点：①预算多少；②直播类型。

6）灯光

灯光种类太多，这里主要介绍摄影灯，这种灯光打在主播脸上最柔和，效果最好，一般由两个摄影灯箱+两个灯泡（150～175w基本上就够用了）组成。购买时灯箱和灯泡一般是分开的。

7）转换器+显示屏（投影仪）

对于一些近视眼或者演奏型主播，为了更好地看清屏幕上的字，可以将手机的屏幕投影到显示屏（21～29英寸均可）或投影仪上。模式一般选VGA（部分为HDMI）。转换器有苹果版、安卓版、通用版。显示屏、投影仪价位不等，看主播需求。

8）调音台

调音台可将话筒声、伴奏、乐器声等声音都集合到调音台，由调音台统一控制和限噪。优选6孔以上带混响的（4孔的不带混响）。

9）摄像机

电商直播若想效果好，需要用高清摄像机或专业摄像机，通过推流器将视频流推到直播平台。高清摄像机可以拍摄高质量、高清晰的影像，拍摄出来的画面可以达到720线逐行扫描方式、分辨率1280×720，或达到1080线隔行扫描方式、分辨率1920×1080的数码摄像机的拍摄效果。

2. 直播间软件工具

（1）软件推荐

Open Broadcaster Software（简称 OBS）是一款好用的第三方开源程序直播流媒体内容制作软件，为用户提供免费使用服务，属于主流直播软件。主播用OBS工具可以在各类直播平台上直播，它的优势在于几乎可以兼容所有直播平台，不需要每个直播平台都下载相关平台的专用直播软件，而且画面更清晰。它可以支持 OSX、Windows、Linux 操作系统，适用多种直播场景，满足大部分直播行为的操作需求。官网下载地址：https：//obsproject.com/。使用较为简单，读者朋友可在其官网或其他网站轻松获得安装使用教程，本书不做赘述。OBS不失为主播必备的主流软件。（见图6-14）

图6-14　OBS官网首页图示

（2）直播测试

直播前，一定要人工测试确保直播不出错漏。在直播开始之前，主播团队需要对直播软件进行反复测试以确保操作熟练、不发生操作失误。直播前的测试主要分为两个部分：第一是主播视角，熟悉直播工具、开始按钮、镜头切换方法、声音调整方法等，需要反复操作，直到熟练为止；第二是观众视角，主播团队成员以观众身份进入直播间观看，从普通观众的角度观察直播界面，如果看画面、听声音、发评论、点红星、刷礼物、选购等都没有问题，就可以结束测试。

场控策划

1. 主播的自我修养

在周星驰的经典电影《喜剧之王》中，俄国作家斯坦尼斯拉夫斯基的《演员的自我修养》成为该片用来表现主角精神追求的重要道具，令人印象深刻。诚然，一个主播的素质养成跟演员没有太多本质的区别，都需要通过粉丝变现，粉丝对主播的种种观感，来自主播内驱力的表现，书中提到的几个关键词，我认为可作为主播长期修炼的核心点。比如：舞台动作、想象力、集中注意力、放松肌肉、交流以及适应等。这些几乎都是主播在发挥层面需要的基本功。在这里我们先明确4个基本修养。

（1）化妆

化一个得体的妆容，是开直播前所需要做的最基本的事情之一。如今关于如何化妆的教程很多，可以通过各种渠道学习适合自己的化妆技术，因为化妆，是对别人的一种礼貌，是一种基本技能。

（2）穿着

这里特别推荐主播多去雪梨的直播间逛逛，我认为，她不仅是电商直播高手，更是一个着装高手。一定可以获得很多穿衣打扮的灵感及技巧。

（3）路线

一个人适合走哪种路线，基本上一开始就要定下来，比如颜值路线、才艺路线、专业路线等，不可随意更改。

（4）心态

要对主播这个定位有起码的长远规划，不要随意放弃，这是一个非常年轻的行业，规则在变、趋势在变，我们对待自身的学习规划、职业规划需要有一个正确的心态，避免浮躁带来的短视行为令我们的职业生涯受挫，比如面对黑粉、突发状况、翻车等事件，一定要心平气和。

2. 主播禁忌

（1）遵守国家法规及平台规则

主播必须在国家法规及平台规则的约束下，进行健康良性的直播。目前来看电商直播存在很多消费者投诉的现象，无论是从网民的反馈、媒体的曝光，还是从国家采取的措施来看，网络直播平台、网络直播市场都存在着整治的必要性。自2016年年初起，全社会范围内逐步掀起了一场整治之风。目前，"直播平台、社会组织、国家"三位一体的综合监管体系已基本形成。

（2）开播时间要固定

试想一下，每天晚上7点的新闻联播，如果突遇改期或时间变动，全国观众会有什么反应？固定开播的好处是培养粉丝的观看习惯，让他们对你产生依赖。

（3）直播时长要固定

许多综艺节目的时间都是固定的。跟定时开播的道理一样，固定的时间开播固定的时间结束，不增不减，这样做的好处就是确保观众总时间的支出稳定，同时营造稀缺感，直播结束没来得及看是种遗憾。

3. 主播的危机处理

（1）正视负面评论

当负面评论出来以后，主播一定要坦然面对，不可视而不见。对于电商主播来讲，一般的负面评论都来自产品质量、服务承诺等环节，这就要求我们对所播产品的供应链有详细且全面的了解，包括样品、合同等细节。出现了负面评论，要快速分析问题的出处以及解决办法，第一时间给出答复，并安排客服人员积极处理问题。

（2）临场应变力

临场应变要求在很短的时间内做出最佳的选择，这不是一件容易的事情。临场的应变能力非常考验一个人的直觉能力和专业基础能力，看似现场发挥，实则是平时的知识累积、经验累积，包括素材搜集，主播要有自己Q&A，这是应对突发事件时最好的应急锦囊。当一个人的临场应变能力提升了，他的整体能力就有望提升。

（3）强大的内心

处事不惊，坚持自己的正确观点；确保自己往对的方向前进，就不会被杂音打扰；努力使自己成功，给自己信心，并清楚成功的路径及方法，不停地完善自己；要相信团队的力量，这能在关键环节帮助自己化解困难；适当的时候，做有理有据的反击，说服别人。

（4）引导铁粉化解

当危机出现的时候，一定要有自己人。无论是在现实社会还是在直播间，争取铁粉对自己的维护是非常重要的一项社交修炼，再大的"腕儿"也需要粉丝团的支持，所以平时维系一个小圈子的工作就特别重要。这些铁粉、老粉不仅会在行动上支持你，还会在观点上认同你、维护你，帮你摆脱困局。

4. 场控人员的职责

场控人员是主播的高级助理，负责整场直播的危机处理、粉丝管理、销售协助等重要工作，具体有以下4项重要工作。

①负责直播前的准备工作，包括产品、方案、场地、灯光等的对接工作及直播预告的发布。

②负责配合主播进行直播，回答粉丝问题，与粉丝互动，在线接受客户咨询，积极有效地和客户沟通并促成订单。

③负责直播间相关活动的策划和配合，汇报直播官方活动，优化标题，汇总及分析各种直播数据。

④负责活跃直播气氛，与粉丝互动，给直播间制造良好气氛，帮助主播提升直播销售额。

直播链路分析

1. 关于直播链路

一场直播活动，从开始到结束，涵盖了6个关键节点，分别是展示、认知、兴趣、对比、购买、忠诚，这是观众从开始识别到成为忠粉的过程。在这个过程中，主播需要把握每个环节的重点，才能有效推动直播持续升华，实现最后的目标。（见图6-15）

图6-15　完整的直播链路图示

（1）展示

主播的名气并不是一开始就在直播间累积的，许多人在成为主播之前，已经在非直播平台形成了自己的圈子甚至有了名气，在入局直播后，需要自身展现这种站外的直播特长，并保持在其他平台的声誉。

（2）认知

认知层面就是观众对主播的标签、直播间的装饰、整体呈现画面的感知，有兴趣就留下来，否则就会从指尖溜走。认知的重点是对视觉效果的呈现，主播的形象、声线由此显得特别重要。

（3）兴趣

激发兴趣的首要点就是人设，还记得前文提到的四种人设唤醒方式吗？积极高唤醒状态就是让观众产生兴趣的主要原因，主播不停地展示自己的能力价值，能帮助观众解决什么问题更是激发兴趣的关键。除了主播状态，内容本身也非常重要，内容的好坏取决于主播的专业程度，同时主播提供的产品价值也是内容的一部分。

（4）对比

当人们的购物途径不只存在于拼多多这类电商平台时，越来越多的购物途径会增加购买人群的对比渠道，而且正在形成习惯（比如在其他非电商直播平台看到心动的产品，你可能会去淘宝或天猫搜一下这个产品）。

（5）购买

在兴趣的基础上，产品价值、产品利益点展示及优惠程度是促成最后购买的主要动因。因此，产品价值塑造必须从硬件、技术、包装、成分、背景、品牌等多个角度去诉求，结合生活场景，展示产品能带来的综合利益，最后通过一个令人尖叫的价格实现购买闭环。

（6）忠诚

购买可能是临时的决定，取决于产品本身，但一个主播要想获得粉丝的忠诚，需要展现自己的长期价值，这样才能获得关注与忠诚。所以粉丝关注主播能获得什么大于本次消费的价值，这就需要合理安排与塑造，并及时发布信息，比如点关注抢红包、关注后通过私聊的方式成为会员、享受折上折优惠等。

2. 直播链路如何分层分级去完善

图6-16为我们完善链路中的节点提供了详细的关键词说明。读者按字面理解消化即可，这是我通过长期观察总结出来的在整个直播链路中完善每个触点的核心做法，同时也可作为策划一场直播活动的流程参照。

图6-16   直播链路分层图示

当然，这是一份特别详尽的直播链路分级分层分解说明，单独依靠一个主播或一个厂商的力量是无法在短期内实现的。许多工作内容涉及专业团队的支持，尤其是MCN机构的介入。比如PGC直播中，直播间多为双人或多人出镜，有完整的脚本、中控、场控，多机位，此类直播属于专业级，一般只有MCN机构或工作室才可承接。

直播流程策划

1. 直播流程的18个节点

前文多次谈到，一场直播等于一场综艺脱口秀，会涉及多个层面的细节。对于一个致力于做电商主播的人或一家发力直播电商的商家来讲，直播流程策划是一切直播活动的开始。在红利期，随便一场直播都能带货，于是很多人把关注点聚焦在主播及产品身上，以为只要主播足够优秀、产品足够好、性价比足够高就能取得好的业绩。

这其实只做对了整个流程中很小的一个部分，或者说只是冰山一角。随着电商直播的竞争愈发激烈，我们每个人都需要有系统思维，需要建立完善的直播流程，把控每个细节，这样才能做出高水平的电商直播。

由此，我整理出了直播在前中后三个阶段共计18个节点的直播流程图，供读者参考。（见图6-17）

①年度直播规划：制订出年度播出计划，并细分到周，明确相关人员的职责。

②制订播出时间：以周为单位，详细列出本周内的播出时间。

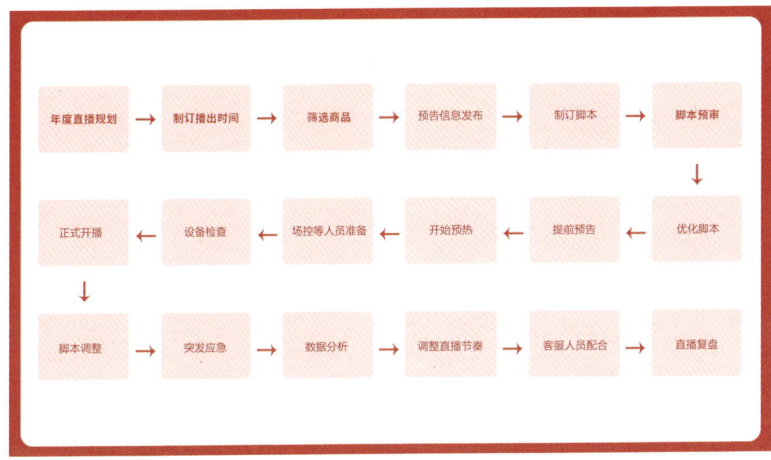

图6-17　直播流程策划图示

③筛选商品：以季度为单位，筛选出四个季度主打的流量品、福利品、赠品、爆品、盈利产品，列出计划及明细，并指导供应链按计划排单。

④预告信息发布：确定开播前预热信息的发布方式及发布内容，并指派相关人员包括企划人员、媒介人员按计划排单。

⑤制订脚本：围绕目的、福利、产品、人设制订出脚本，脚本其实就是一个话术流程图，拆分出细节，通过运用广告语对细节进行艺术加工而成。

⑥脚本预审：由主播、场控、产品经理、负责人共同参与对脚本的审核，特别注意避免使用违禁词。

⑦优化脚本：主播需要对脚本进行口播式演练，在不改变脚本含义的基础上，依据自身语言风格优化。

⑧提前预告：通过多元渠道进行直播预告，争取基础流量。

⑨开始预热：主播及运营可通过私域流量渠道，采取图片、文字、短视频的方式进行开播前的预热。

⑩场控等人员等准备：包括场控、中控、运营等在内的人员熟悉整场直播的流程。

⑪设备检查：由主播、场控从直播及观看两个角度仔细检查设备或软件的流畅度并解决存在的问题。

⑫正式开播：主播入场，场控、运营等人员到位。

⑬脚本调整：直播过程中，依据主播表现及观众反馈，对脚本做适当调整。

⑭突发应急：对直播过程中出现的错漏或黑粉闹场事件，给出相应的解决办法。

⑮数据分析：运营人员须实时对数据进行分析，做好调整准备。

⑯调整直播节奏：运营人员通过后台数据，提出优化方案或建议。

⑰客服人员配合：配合主播，对直播间观众的提问，及时给予答复。

⑱直播复盘：直播结束后，直播团队依据直播数据对本场直播做经验及数据分析复盘，得出可优化的结论及注意事项等。

2. 直播流程的示范案例

有序的直播流程离不开早期的规划，以服装直播为例，我们从直播现场的时间轴角度出发，给出一个示范案例，帮助读者了

解节点及场控人员是如何对分工进行规划的。（见图6-18）

时间节点	流程	主播工作内容	助理工作内容	客服工作内容	卖点
		直播目的：上新销售破零		**目标：销售额10万**	
20:00	暖场	开播入场	点推送，发优惠券		
20:10	开播红包	热场	发红包		
20:15	上新	试穿新款1	不同颜色试穿	新款9折，送10元券	适合小个子
20:30	上新	试穿新款2	不同颜色试穿		
20:45	上新	试穿新款3	不同颜色试穿		
21:00	截屏抽奖	抽奖一名粉丝			
21:15	上新	试穿新款4	不同颜色试穿	新款9折，送10元券	适合肤色较黑的宝宝
21:30	上新	试穿新款5	不同尺码试穿		
21:45	上新	试穿新款6	不同尺码试穿		弹性好，打底神器
22:00	预告	预告明日直播内容			

图6-18　直播流程示范图示

3. 直播脚本策划

直播脚本就是主播的剧本，也是主播的节奏、流程、内容准则。脚本包含主播人设、活动设置、产品信息、互动规则等内容。

那么主播为什么需要直播脚本呢？主要考虑以下三个方面因素。

①梳理直播流程：做直播最忌讳的就是开播前才考虑说什么、怎么说。匆匆上马也会匆匆下马，不仅没能带来销量，还特别劳民伤财。所以，做脚本首先能解决的就是梳理直播流程，让直播的内容有条不紊。

②管理主播话术：有了脚本就可以非常方便地为主播每一分

钟的动作行为做出指导，让主播清楚地知道在某个时间节点该做什么、还有什么没做，此外可以借助主播传达出更多的内容。

③便于总结复盘：总结是每个主播下播后要面对的一个重要工作，而这个工作需要后台管理人员不断地总结数据，这里涉及团队的配合。所以说直播卖货不能只有主播，也要有运营团队的配合，脚本的创作和执行是运营团队与主播一起完成的，当然复盘也是需要集体参与的。

脚本策划的内容宽度，可按照UGC、PGC两种内容产出模式分类。第一种是UGC直播脚本，偏向于单场脚本，核心信息是主播个人信息、商品信息、互动信息；第二种是PGC直播脚本，偏向于整场脚本，包括主播、嘉宾、商品、游戏、互动，核心信息还是商品信息和互动信息。

两种模式最终呈现的画面风格、功能、目标等差异很大，这主要取决于成本投入的多少以及执行能力的强弱。

无论哪种方式，核心点始终都聚焦在商品和互动上，只是围绕这个核心所呈现的方式及感染力不同。但一份直播脚本须始终围绕以下4点展开。

①主题内容：围绕粉丝需求、大促、节日。

②福利权益：围绕直播活动、福利政策。

③产品信息：围绕新品上市、爆款。

④互动玩法：围绕热点话题、展示测试、游戏。

第十二节

带货技巧

1. 带货核心公式

带货核心公式为：动情+场景渲染+价格锚点+峰终定律。

①动情：给自己一些仪式感，想象在聚光灯下的光辉形象，然后步入直播间。真实的动情是一种催眠法，能够感染观众。此外选品也很重要，你必须真正喜欢自己所推荐的商品，否则动情就是一种表演，很难持续下去。

②场景渲染：这里的场景主要是指直播间所创造的感觉与商品之间的融洽度能不能勾起观众对商品使用的实际场景的联想。

③价格锚点：锚点就是对比，从价格、规格、成分等多个角度进行对比，尽可能对所售商品全方位地制造锚点效应，刺激观众下单。

④峰终定律：一件商品至少制造一个高潮点，这就是峰值，无论是价格、品质还是性价比都可以。终点就是塑造让消费者放心购物的场景，提高商品可信度。

2. 带货话术分类

在直播这个场景下，话术是最重要的内容，就像脱口秀一样，观众可以不看手机就知道你在说什么。话术分为以下8类。

①欢迎话术：常规的待客之道，技巧在于两点，即解读观众账号名称、寻求共同话题。

②宣传话术：解读人设，你能为观众带来什么。

③互动话术：主动解读观众问题，没有问题找出问题。

④带货话术：围绕产品设计展示型、信任型、专业型话术。

⑤活动话术：大声把活动政策说出来，重要的地方反复口播。

⑥促单话术：制造紧迫感、稀缺感，并限制时间节点。

⑦引导话术：提示观众加关注，或成为会员等。

⑧感谢话术：感谢的同时不忘报出直播间观看人数。

一个人说话的能力其实是无法通过技巧训练获得的，因此我不会罗列一些所谓的话术模板，这样做，反而可能会误导读者，以上所列的话术分类，本质上是带货的流程，我们需要在直播间通过语言及时呈现。

第十三节

直播团队搭建

1. 依据PGC方式搭建直播团队

直播团队是一个新型组织，对于许多没有切入直播领域的企业或者达人来讲，搭建这个组织就特别需要经验层面的辅导。"大而全"的PGC方式需要一个完整的团队的支持，PGC直播多为双人或多人出镜，有完整的脚本、中控、场控等，这就要求直播团队无论是在人数还是职能方面的配置都是最高级别的，而BGC、UGC两种方式可适当缩小团队搭建的规模。（见图6-19）

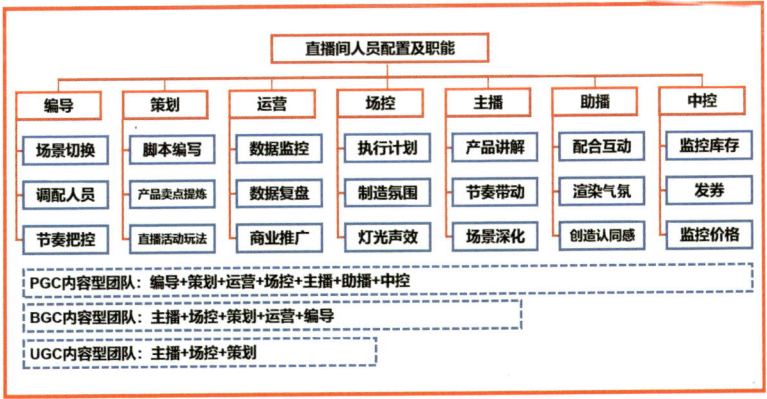

图6-19　直播间人员配置及职能图示

2. 依据BGC、UGC方式搭建直播团队

人员是最大的成本，一个健全的直播团队当然能够取得理想的业绩，但不是所有的企业或达人一开始就要配置齐全。可以依据UGC模式组建最低配置架构，分别是主播、场控、策划，具体职责见图6-19；而BGC模式组建则包括主播、场控、策划、运营、编导。

3. 建设团队的5P法则

团队的组建可参照"5P法则"，分别是：purpose（目标）、plan（计划）、people（人员）、place（定位）、power（权限）。PGC内容生产方式为我们展现了一个直播团队最完善的人员配置，这是一个逐渐升级的过程，在初始阶段，我们先设置一个小目标，制订一个小计划，用最少的人搭建这个团队，但从开始到结束，要始终明确人员权限及职责。按5P法则规范团队工作目标及流程，直播团队会由最初的3个人最终扩展至一个成熟稳定、职责明晰健全的组织。

直播复盘

　　为了持续优化直播效果，直播结束后，需要进行复盘，总结经验和教训并将其作为下一次直播的参考。一场直播有完成及未完成两种结果，对于完成甚至超出目标的直播，需要分析各环节的经验，将有效的方法应用于下一次直播；对于未达到预期目标的直播，需要总结失误之处，并思考改善方法，避免反复出现失误甚至翻车现象。

　　对于观众来讲，一场直播结束意味着节目散场，但对于主播及其运营团队来讲，这是下一次直播的开始。他们要从每一场直播中总结经验、检讨不足，罗列出注意事项，对流程、节点、人员安排等关键要素做出相应的优化调整，为接下来的直播做好更充分的准备，这就是复盘的目的。

　　复盘包括对硬件、软件、人员、流程、目标5个方面进行数据化分析及记录。其本质就是对直播脚本的复盘，摊开脚本，回看直播录像，哪些节点没有做好就会一目了然。做好回顾，至少可以得到3方面的收获。①工作流程化：检讨脚本流程是否存在需要优化的点，包括高潮部分的时间安排、产品出现的时间节点等。②不断纠正错误：在观看回放的时候，我们能发现直播中错误的地方，把出错的部分记录下来，改正和优化，这样能让每次直播都比上一次进步一些。③经验转为能力：直播中遇到的突发状况，如果能够解决，就会不断地积累经验，以后遇到紧急状况也能沉着应对，将其转化为主播的能力。

直播复盘需要全体人员参与并记录，最好通过SOP工作流程展开，最后输出完整的复盘优化改进表，明确谁的问题谁解决。直播复盘的流程，主要从4个点展开，分别是目标量化、数据分析、问题改进、复盘记录（见图6-20）。

直播复盘模型

目标量化	数据分析	问题改进	复盘记录
①成交量； ②直播排名； ③新增粉丝数； ④老粉丝入场人数	①累计观看人数； ②最高同时在线人数； ③新增粉丝数； ④评论条数及用户支付订单数	①人——主播及其团队在直播过程中出现的问题； ②机——硬件设备在直播过程中出现的问题； ③料——产品、物料、道具等在直播过程中出现的问题； ④法——方法、技巧、策略在直播过程中出现的问题； ⑤环——灯光、色彩、温度等在直播过程中出现的问题	①复盘表； ②对比表； ③问题跟进表； ④推广预算表

图6-20　直播复盘模型图示

1. 直播目标量化

设定直播目标主要以前一次直播的数据为基础，依据现实情况做科学的目标幅度调整，不可盲目地夸大或缩小。假如是初入直播行业的新手，没有基础数据参考，最好的做法就是观察同行，通过同行的数据分析情况，并结合自己的需求预期，来设定初始的目标。通过分析同行的数据，我们知道目标的设定可以是每天涨粉多少、商品点击数多少、订单数多少等，把这些可以量化的数据汇总在一起，结合自己预期的数据，生成本场直播的预定目标。

2. 直播数据分析

这是复盘的重点，因为所有结果的呈现都是数据说了算。对于刚开始做直播的人来说，数据样本量是不够的，不足以看出数据的波动与趋势，也总结不了平台的算法与规则。那么建议在操作一段时间后，各方面的数据量都足以看出变化了，再进行数据分析，分析的点主要是数据的波动，以及某些可能影响数据的操作。可深度解读拼多多平台提供的数据报告，从中获取主播、粉丝与商品的相关数据，然后进行对比分析，一般会着重看直播时长、粉丝停留时长、互动数、增粉数、商品点击数、订单数等重要数据。

3. 直播问题改进

有了数据的分析报告，发现直播存在的问题是很容易的。可能各个细节都会存在问题，比如流量问题、转化问题、留存问题等。这样的分析报告可能会比较杂乱，我建议找出问题之后，围绕人、机、料、法、环5个角度对问题进行分类，把找出来的问题一个个往里面放，然后再针对性地解决。

4. 直播复盘记录

完成了预期目标与达成目标的对比，最后便是对问题进行分类并提出解决方法，一张表格就能详细地将这些记录下来。同时我们还需要收集粉丝观众的反馈信息，反馈信息除了可通过直播平台上的评论、私信及在线客服获取外，还包括预热的时候在新闻媒体、社交平台上所收到的反馈。反馈的内容可以放到问题改进那块，划出一个分类来记录，也可以单独记录，但一定要有解决方案，并且跟进解决。

CHAPTER 7
第七章

私域流量池

拼多多早期发展起于微信生态，直到今天，无论是社交电商场景还是直播电商场景，微信依然是拼多多流量获取的重要渠道。

　　直播带货走到了今天，基本上已经达到"无达人不直播"的状态，特别是在疫情的催化下，直播赛道拥挤已成事实。对公域流量的过度消耗造成了红利期提前结束而面临洗牌的境地。

　　对依附于拼多多平台的达人及商家而言，建立私域流量池已经迫在眉睫，而微信生态是目前流量私域化最好的阵地。

第一节

私域流量对直播的贡献

1. 董明珠直播案例

董明珠直播带货销售额约为178亿元，彻底打响私域直播"声量"。

董明珠利用私域流量的玩法，5场直播累计变现约178亿元，在业内引起了强烈反响，令大家纷纷开始追捧私域流量，学习效仿。细看董明珠带货的历程：前三场翻车的21.5万元、3.1亿元、7亿元很明显就是试试水，第四场"大跃进"式增至65.4亿元，直到2020年6月18日这天，破了带货界的"吉尼斯世界纪录"，销售总额达102.7亿元！格力直播销售额急速增长的背后就是大幅收割私域流量。

那么，我们为什么要建立私域流量池？

董明珠从第一次直播翻车到快手直播、京东直播，再到"6·1"直播，销售额迅速超过10亿元，达到65.41亿元。成长这么快，这背后的原因是什么？

董明珠的直播带货背后的逻辑，和李佳琦、薇娅的直播带货是不一样的。尽管董明珠个人及格力品牌的影响力很大，但在直播电商领域，还没有足够的IP势能，也没有消费型粉丝的积累，董明珠个人在直播平台的影响力也不足以支撑整场直播，所以才有第一次直播翻车事故的出现。

董明珠必须在短时间内吸引足够多的粉丝来围观，才能完成一定体量的带货目标。于是董明珠及其团队很好地启动了私域流量这个杀手锏，把董明珠个人及整个格力品牌多年来累积的私域流量通过经销体系渠道引入直播间，创造了65.4亿元的销售奇迹。

其链路就是发动经销商在线下获得流量，然后由董明珠在线上直播间完成转化。首先要发动大量的经销商在线下用各种各样的方法聚集流量。比如地推方式，在线下加盟店或者社区附近摆个摊，你加我的微信，我就给你个小礼品，把周围住户的微信都收集起来。等到董明珠做直播的时候，给这些用户发一个专属的二维码，用户就可以扫二维码进入董明珠的直播间。系统可以通过二维码来识别你是哪个经销商所带来的流量。这一步非常关键，一旦用户产生购买行为，格力就能给相应的经销商分钱。所以，董明珠的直播带货，**本质上是直播分销的逻辑。经销商的价值是引流，而直播间的价值是转化。**

2. 微盟"6·16"直播案例

再看一个案例，微盟小程序打造的"6·16"零售购物节将私域直播模式进行了优化。其将明星流量、节目流量、商家流量汇聚在一起，完成了直播间流量的供给。他们采取了全角度覆盖式营销引流，由综艺明星、微盟平台、品牌方三方参与，主要通过微信生态的朋友圈广告引流、社群宣传、社交裂变营销、明星影响力传播、线下导购推广五大抓手，实现全方位的营销覆盖，帮助商家将公域及私域流量全部引到直播间。

这场直播带货大会吸引了362万人次观看，直播带货大会GMV超过1亿元，截至2020年6月16日23点，微盟"6·16"零售购物节销售额达7.13亿元。

3. 直播间需要私域流量

通过这些直播流量私域化的路径可以发现，一个在直播平台没有足量粉丝的主播可以通过私域流量的补充，实现高转化的目的。现实生活中，尤其是在微信朋友圈，每个人都拥有自己的社群关系，拥有为数不少的私域流量。如果恰当地将这些流量引入直播间，这将为我们带来不错的场观数据（一场直播观看的人数）。其实私域流量一直以来都是电商领域重要的流量来源之一，比如，有人开了一家网店，他第一时间会通过电话、微信等方式邀请亲朋好友帮忙，这就是典型的利用私域流量的做法。

在直播电商生态同样遵循这个原理。对于主播而言，流量来自三个层面：首先是个人IP积累的粉丝量，其次是平台扶持流量，最后就是私域流量的加持。其中对于初入直播行业的主播而言，在IP尚未形成势能的阶段，私域流量才是最主要的流量来源。

在拼多多直播电商领域，直播间流量私域化现象更为突出。想想第二章"讲透拼多多平台"中，无论是砍价、分享、拼单还是邀请好友助力，都是在微信渠道发生的，无论是发送给个人还是微信群，都是在动用你的私域流量。直播分享圈、直播粉丝圈的存在也是在触达你的私域流量，因此如何利用及强化私域流量将是做好拼多多直播最为关键的一步。

第二节

拼多多私域直播生态

1. 店播模式兴起

提起直播，我们总会想起李佳琦、薇娅等头部主播，其实腰部主播贡献了绝大多数的GMV。同时，直播带货阵营里，有一股不能轻易被忽视的强大势力，那就是商家直播。尤其是在淘宝直播中，70% 的直播是商家自播，30% 才是达人直播。而在2020年"6·18"期间，淘宝 15 个成交过亿的直播间中，商家直播间有9 个，占了一大半。新开播的商家中，中小商家更是占到了 60% 以上，接下来可以预判几乎所有的店铺都会开通直播。

这里提到的商家直播就是行业内统称的店播模式，私域流量是店播重要的非付费流量来源。这类直播也被称为私域直播，就是把在站外由个人及店铺经营的流量导入其直播间参与直播带货的模式。

2. 公域平台断流

2020年上半年，在疫情"快捷键"的催化下电商直播创造了诸多销售"神话"，各路资本、品牌、MCN机构、主播"一窝蜂"涌入公域直播赛道，过度的竞争透支了公域直播平台的红利。可以断言，直播行业洗牌期将要来临，公域平台的流量基本已经被具备供应链组合能力的头部主播所垄断，中小主播的流量增长会越来越难。

直播间流量私域化已经形成趋势，这个趋势告诉我们，在平台零粉丝的前提下也可以直播。换句话说，不需要平台流量，私域流量即可成就直播舞台，而且私域流量的精准度更为牢靠，这种"熟人引流"精准过滤流量的方式，大幅提升了转化率。

3.　多元引流

我发现，在拼多多平台很多主播主要借助平台的流量，这是非常单一的流量模式。截至2020年7月，拼多多的直播发现入口依然是商品窗，首页的类目栏、金刚区、百亿补贴并没有出现直播入口，即使在推荐区，实时直播的标志也并不明显，所以通过平台直播入口获取流量依然特别困难。

拼多多平台强化了商品价值，而弱化了店铺的存在，所有商品的展示及销量除了爆品刚需原则以外，就是商品本身价值的塑造，在整个价值塑造过程中，除了宝贝描述就是直播对内容的升华了。

同时，直播电商本身是一种不稳定的商业模式，销量完全取决于对流量的把控，如果没有大量流量补充和精准流量的汇集，很难确保直播的效果。所以主播及店主需要先对流量进行引入，再将其转变为品牌的私域流量。

电商直播带货是一项长期战略规划，不是一次性秀场。可以用好评返现、红包返现、促销活动等方式将在直播间购买产品的群体汇集到自己的私人账号上，成为自己的私域流量，以便进行二次、多次反复引入直播间。

若认定直播是电商内容的重要升级，是转化的关键形式，就非常有必要引导更多的私域流量进入直播间，从不同的角度来呈现所销售的商品，以更直观可感的方式抓住观众的眼球，实现快速销售的目的。

总结下来，拼多多直播是需要私域流量供给的直播平台，仅靠平台流量很难支撑直播间的ROI（Return On Investment，投资回报率），商家及主播一定要在微信生态搭建自己的私域流量池。

第三节

什么是私域流量池

1. 什么是私域流量

其实，私域流量一直存在，比如我们常见的会员制、社团制等。但自从微信出现以后，社会关系、客户关系几乎全都转移至线上，我们的微信好友、微信群就是私域流量的具体体现，有社交需求的地方就会出现私域流量，它并不是一个风口或短暂的趋势，而是一种现实存在的网络关系。

所以，今天我们将私域流量定义为：在线可触达的、属于自己的、能有效成交的流量。不符合这三个维度的，都不构成有效的私域流量。

私域流量这个关键词近年来一直处于火爆状态，原因就是公域流量红利的逐渐消失、付费流量昂贵及付费流量造假现象的存在。企业必须考虑如何通过私域手段获取属于自身的流量渠道。

所以，我们应该重视自身的私域流量建设。私域流量是运营客户关系的结果，我们会发现，所有的商业模式变现都离不开私域流量的补给。私域流量可以自由决定玩法，将其引入直播间，展现企业的商品、内容、服务，使企业跟用户之间的关系更加黏合，将用户从观众转化为粉丝，从而有效地提升复购率。经验告诉我们，私域流量运营能力越强的企业，往往越有希望获取更多的公域流量。

2. 流量方式的演变

流量经过了五个演变过程，分别是：流量1.0坐商时代、流量2.0行商时代、流量3.0渠道时代、私域流量1.0时代、私域流量4.0时代，流量方式的演变的五个过程见图7-1。

图7-1　流量方式的演变的五个过程图示

在流量演变的五个过程中，其中前三个都是公域流量，顾名思义，公域流量就是公共拥有的流量，比如线下的大型商场，来逛街的人中进入店内的才属于私域流量，而绝大部分人都属于商场的公域流量。再比如淘宝、拼多多等平台，来此购物的消费者属于平台的公域流量，而只有进入某家店内消费并被店家锁定的用户才属于私域流量。

当我们谈论淘宝、抖音、快手、拼多多如何做的时候，其实是在讨论如何在这些平台上获取公域流量。久而久之我们就会被平台流量思维绑架，参与各种付费活动，平台就变成一个巨大的"甲方广告公司"，不仅要向它支付宣传费用，还要受制于它的游戏规则。

3.　公域流量与私域流量的区别

公域流量与私域流量最大的区别在于公域流量看似很大，但真正能转化为顾客的却很少，店家或主播无法自由支配这些流量，往往被平台截留，而私域流量完全可以通过社交关系链导入直播间。由于是基于社交关系而产生的黏性，这些流量的忠诚度及转化率都非常高。

将两者做对比，发现对于主播或店家而言，公域流量与私域流量的获取方式处在完全不同的时代，一个是狩猎时代，一个是农耕时代（公域流量与私域流量的演变方式见图7-2）。在狩猎时代我们需要到处撒网，尽力捕捉；而在农耕时代我们需要通过主播价值、产品价值及服务价值等精细化操作以运营客户关系。

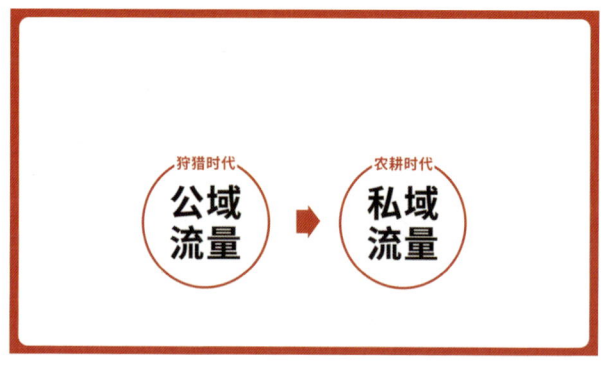

图7-2　公域流量与私域流量的演变方式图示

4. 在哪里建立私域流量池

我们今天谈及的私域流量并不是一个高大上的命题，传统会员制就是典型的私域流量池，但其拉新、触达、维护、变现的综合成本极高，而且面临严重的流失困境。同时，因为其在线程度偏弱，触达成本高，很难被有效开发利用，必须引导他们进入一个可通过工具在线触达的池子里去，这就是私域流量池。

在哪里运营企业的私域流量池呢？客户在哪里，市场就在哪里，流量池自然就在哪里。在私域流量1.0时代，微博会员系统成为私域流量池早期的雏形，而微信的崛起，改变了流量规则，成为最大的流量池。大数据平台阿拉丁发布的《2020年5月小程序互联网发展研究报告》称，2020年5月，微信全球月活跃用户达12亿，这跟中国的移动互联网用户总数差不多，说明微信已经成为"国民级应用"的超级流量平台。

微信是一个去中心化的流量平台，微信主张的"再小的个体，也有自己的品牌"可以理解为，再小的主播都可以在微信生态获取自己的私域流量。

同时微信生态已布局完整的流量容器，比如微信个人号、微信公众号、微信社群等。

基于微信搭建私域流量池已经成为共识，原因很简单：首先流量私域化的前提是社交化，只有在社交环境下才具备粉丝效应与忠诚度；其次可借助微信强大的流量池及流量容器搭建私域流量池。

第四节

如何搭建私域流量池

1. 私域流量池矩阵

张小龙多次强调，微信所有的应用都是工具，本质上只提供链接，而我们常用的链接工具就是微信个人号，但对于打造一个健全的私域流量池而言，这是远远不够的，我们需要一个完整的矩阵，承接流量的获取、留存、激活、引导、转化等工作。（见图7-3）

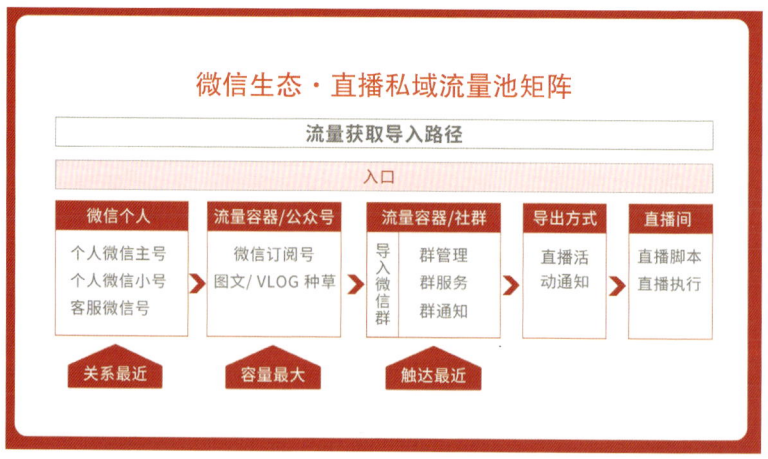

图7-3　私域流量池矩阵图示

在微信生态搭建私域流量池，涉及对各类工具的应用及路径设计，其中主要工具有个人微信号、导购小程序、公众服务号、公众订阅号、企业微信、社群等。路径设计就是工具组合方式，主要取决于主播或店主对私域流量运营的投入及能力，最简单的路径是从个人号直接引流到直播间，但流量一定偏少。我们可以采取建群的方式，把个人号的粉丝导入社群，通过对群的运营扩充流量池，最后确保有足够的流量。

当然，如果有足够的人员及预算，我们可以把公众号运营起来，通过内容种草，吸引更多的人关注我们，并对我们的商品及品牌有充分的认知，强化粉丝黏性，达到流量精准化的目标。

如果企业规模达到一定层次，我们可以利用企业微信CRM系统，开展更有深度的私域流量运营工作。

2. 私域流量池工具解析

（1）微信个人号

无论是线下流量还是电商流量，都可借助售后服务方式，把老用户引流到微信个人号上，建立主播或导购自己的流量池，进行客户价值传递，通过有价值的朋友圈进行推广或建立各种粉丝社群，就能形成一个活的流量池。

微信个人号好友上限为5 000人，所以为了获取足够的流量，建议多开账号。但新号需要经历一个养号的过程，目前微信严打非法群控软件，需要确保真人操作。

（2）如何打造个人号

个人号不是养号了就可以直接加粉运营的，每个账号都需要进行IP化打造，包括IP定位、IP形象、内容价值、服务价值等。这样做不仅能确保每个账号都能吸引到足够的关注，同时也确保了粉丝的精准度。（见图7-4）

图7-4　如何打造个人号图示

首先需要确定运营的模型，明确服务的对象，找出产品的核心卖点，这样才能有的放矢地吸纳精准的流量。比如你直播的内容是服装，但跑去电器渠道吸粉就搞错了方向。同时要特别注意吸粉价值的塑造，回答别人为何要加你为好友、对方能从你这里获取到什么。吸粉的方式不管是地推，还是鼓励已购买顾客加好友，都需要我们在运营模型这个板块考虑清楚。

个人IP定位主要考虑三点：①用户喜欢跟人交朋友而不是LOGO，你是什么样的人交往的就是什么类型的流量；②社交环境下，情感要放在第一位；③私域流量经营的客户关系，需要感情基础。

IP包装就是对你的聊天方式、聊天内容、朋友圈内容进行规划，与你的IP定位保持一致，比如美妆类主播，就要发布跟美妆相关的专业知识，体现出你的专业属性。

IP运营是最后一个阶段，是实现粉丝由知道你到信任你、再到追随你的过程，当我们发布直播预告的时候，他们会转移阵地，围观你的直播，购买你推荐的商品。

（3）微信订阅号

微信订阅号为媒体和个人提供了一种新的信息传播方式，主要功能是在微信侧给用户传达资讯，功能类似报纸杂志，提供新闻信息或娱乐趣事。对于企业营销来讲，订阅号提供的是完整的关于品牌、企业、产品的报道及形象塑造，等于过去的企业官网。对于个人来讲，这是展示个人IP最好的平台之一，它可以通过图文的方式完美塑造个人IP的内涵，实现自我品牌的塑造，为达人积累粉丝提供一个绝佳的窗口。

由于订阅号采取的是关注后阅读，所以订阅号可以很好地聚集粉丝，并通过每天一条推送的方式向粉丝主动传播资讯及内容。

订阅号也是企业及个人的自媒体，是其自我发声的关键平台，企业及个人可通过粉丝阅读订阅号的内容，实现自我传播。订阅号的主要功能就是种草，让粉丝对品牌或达人产生兴趣及忠诚度。

（4）订阅号功能

订阅号有着非常丰富的功能菜单（见图7-5），包括群发功能、自动回复、自定义菜单、客服功能、投票管理、小程序管理等，你可以把服务号理解成一个工具包，图文内容可以通过这些工具包达到传播、裂变、增粉的目的。相对于个人号的纯"人工手动"操作模式，这些内置的功能可以更高效率、更人性化地批量完成某些活动。

图7-5　订阅号功能图示

订阅号必须输出具有内涵及亮点的图文内容，才能吸粉及裂变，因为好的内容是会被分享的，分享的过程不仅是阅读量的提升过程，同时也是破圈吸粉的过程，头部主播李佳琦的公众号见

图7-6。

图7-6　李佳琦公众号图示

（5）如何运营微信公众号

公众号属于新媒体，需要新媒体主编参与编写及运营。大的团队甚至配置了文案、策划、主编、运营等岗位，但一开始可以与直播团队的人员编制进行融合，比如公众号与直播团队共享文案。

要实现对公众号的精细化的运营，一共有六个需要认真执行的板块。

1）明确公众号定位

在开设公众号之前，必须首先确定公众号的定位，因为定位决定了公众号的目标、作用及价值、粉丝的精准度等。比如李佳琦的公众号定位就很明确，即发布直播预告、发布直播商品简介、发布福利活动。如果没有清晰的定位，不能提供明确的价值及指引，被关注的可能性就很低。

定位需要考虑三点要素：粉丝画像、粉丝痛点及解决方法或服务方案。定位就是你要清楚你的公众号要为什么样的人解决什么样的问题、提供什么样的服务。

定位同时需要考虑主播的人设，通过图文内容对主播进行包装，提升主播价值，塑造主播人设。订阅号一般会通过故事背景、案例呈现、短视频、粉丝见面会等各种形式对主播进行包装。

2）制订公众号选题

在明确公众号的定位后，下一步就是选题，也就是日常的内容规划，这一步也是为了解决日常写什么这一问题。对以专项打造主播及吸粉为定位的公众号来说，提前做好选题规划非常重要，因为一个好的公众号需要持续输出内容，而不是时不时停止更新。选题的制订可采用以下三种方式：首先就是学会看数据找热点，可以利用百度指数、微博指数、新榜等工具进行筛选，这样容易踩中热点；其次就是通过与粉丝交流、注意粉丝的留言、观察粉丝的朋友圈等方式，从用户那里获取灵感；最后就是把所能想到的标题全部罗列出来，依据热点、粉丝关心、写作目的三个角度确定选题。

3）产出公众号的优质内容

确定了选题后，就需要考虑如何编写优质的内容以及确定内容的呈现形式了。内容可以是文字、图片、音频、视频，也可以以其他方式呈现，但主要以文字、条漫和视频为主。文字的生产是最轻松的，如果配备有美工，把文字中重要的部分加以配图，会强化阅读的体验感。同时主播个人可不定期拍摄自己的VLOG用来强化人设，直播间优质内容的视频切片也是不错的内容。

4）公众号排版风格

内容写完以后，就需要排版上传，排版风格在很大程度上决定了粉丝的阅读体验感。对于一个新人，需要借助第三方编辑器协助自己美化排版，一边借助编辑器一边摸索出自己的排版风格，这里给大家推荐"壹伴"公众号排版编辑器（官网：https://yiban.io/）。

5）公众号菜单栏设置

这一步非常重要，许多公众号的菜单栏设计极不合理，或完全与自己所提供的核心价值不符，或特别干扰粉丝的操作。菜单栏设置围绕一个核心，那就是确保粉丝三步以内找到自己想要的东西，某些特别重要的功能最好一键触达，避免路径太长导致粉丝退出，可以参考李佳琦、薇娅公众号的菜单栏设置（见图7-7）。

自定义菜单是公众号会话页面中主要与用户产生交互的功能，支持消息发送和页面跳转。自定义菜单目前可以设置三个一级菜单，五个二级菜单，一共十五个栏目。进行这一步操作的时候可借助135编辑器（官网：https://www.135editor.com）辅助我们进行菜单栏设置。

菜单栏设置好以后，要检查消息发送及页面跳转功能，比

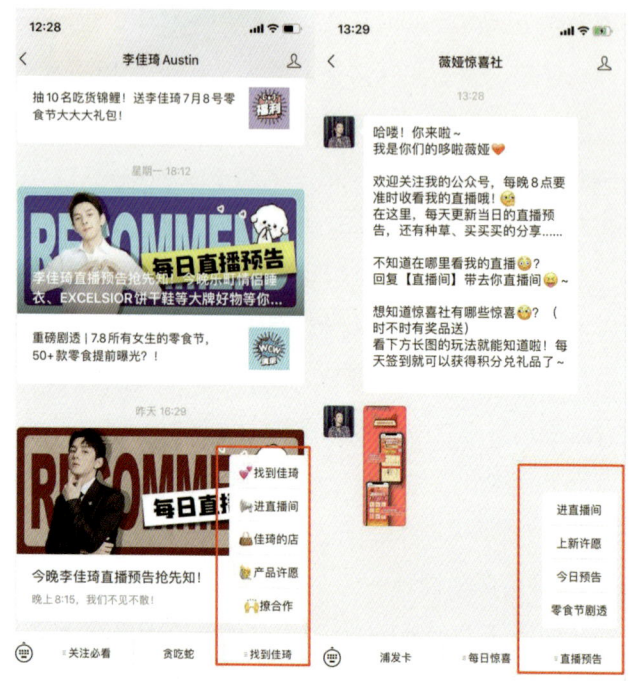

图7-7　李佳琦、薇娅公众号菜单栏设置图示

如点击"看直播"这个菜单，看会不会出现消息发送及消息与菜单功能不相符等现象。一般公众号都会采取文字或海报的方式发送消息，文字部分可自带链接进一步指引用户触达信息，而图片一般带有需要跳转的二维码信息，比如打开图片长按二维码进群等。

6）公众号如何涨粉

公众号涨粉分为两个部分，首先是存量老用户迁移，比如在微博、微信、社群等领域的粉丝，可鼓励他们关注公众号，鼓励的方式最好是开展关注有礼的福利式活动。

当公众号累积一定粉丝以后，可以通过每天一次的活动推送做裂变拉新，这就是任务宝计划，这种方法裂变传播效果好、吸粉迅速。

顾名思义，任务宝之所以称为任务宝，是因为裂变活动主要是通过奖品吸引粉丝，粉丝完成特定的任务才能领取奖品，奖品的设计可以是实物也可以是虚拟的，比如听课券、折扣券、会员权益等。

我们可以通过公众号发布活动海报，也可以将活动海报通过个人号朋友圈、社群、私信等方式进行扩散。也可以在公众号消息推送中发起活动，公众号里自动弹出让用户转发的海报、话术以及为每个用户生成的专属独立的裂变海报，用户只有转发海报让其他人扫码关注公众号并达到一定的人数后才可获得奖励。

任务宝的策划流程：策划活动奖品，比如价值99元的杯子→设置领取奖品规则，比如引导20人关注即可获取→引导用户分享裂变海报，比如发朋友圈、分享给好友、分享至微信群等→最后通过粉丝对粉丝的影响，实现拉新目的。

任务宝借助的是礼品刺激，通过社交化进行裂变，由于采取的是海报形式，海报内容可以进行行业属性、价值、目标用户等方面的定位，很好地规避那些不感兴趣的人，做到粉丝精准化。

裂变路径也非常简单，比如，裂变海报推送给A用户，A用户扫码参与会收到公众号推送的活动规则和活动海报图，此时A用户为了拿到活动奖品需要邀请新用户参与助力，A用户邀请好友B用户，B用户扫码关注公众号，完成助力活动任务；A用户在公众号收到B用户的助力消息，同时B用户进入裂变流程，公众号会推送属于B用户的带参数的邀请海报，B用户为了领取奖品会再去分享邀请他的好友C用户，C用户扫码关注公众号，完成助力活动任务，以此类推完成整个裂变过程。

任务宝的实施，需要第三方工具的支持，可前往微信、百度等搜索平台寻求这一类的SAAS系统。

（6）微信社群

随着"私域流量"的爆火，社群工具也被重新唤醒，成为热点，而社群的具体表现就是微信社群。微信社群也是私域流量池的重要组成部分，它与个人号、公众号紧密呼应，是直播间流量来源的保障之一。建立自己的社群，目的就是减少对平台的依赖，把客户、目标用户抓在自己的手里，用尽可能多的方式、更低的营销成本去触达、转化。

微信社群是个独立流量体系，在不借助任何平台的基础上，即可实现从吸粉到销售的目标。因此有非常多的个体或企业单独依赖微信社群这个工具，就能很好地维系整体运营。微信社群是个非常成熟的商业模式，任何企业都可以通过它进行流量的获取、用户的维护。

微信社群是优质的存量流量，很多企业通过微信社群将核心用户、目标用户聚集到一起，通过分享干货内容、福利发放、售后服务、品牌种草等方式实现社群的运营，这是一种增强用户黏性最简单粗暴的方式。

通过社群对老顾客进行精心维护，可做到复购流量和转介绍流量，可替代广告的作用，实现流量的反复利用，促进客户自循环。

将微信社群应用于管理是一项系统工程，需要搭建社群团队，我们从以下五个方面展开对微信社群的系统运营的介绍。

1）微信社群的作用

微信社群可用作流量池承载用户或者粉丝，同时可将社群粉丝视为种子用户，便于协同用户一起发起营销活动；用于对已购用户的售后维护；用于新增流量的汇聚等。

2）微信社群的模型

可建立群矩阵模型，分别由粉丝群、会员群、福利群、铁杆群等构成，每个群的成员构成及作用价值是不一样的，要加以区别对待。对于直播引流来讲，这些群都可作为触达窗口。其中粉丝群主要以维护主播或者群主的个人IP为目的；会员群主要以服务为主，包括解答会员疑问，提供会员福利等；福利群主要围绕礼物经济，兑现各种福利承诺，刺激粉丝深度参与各项营销活动；铁杆群的作用非常关键，基本等于主播的粉丝后援团，也是直播预告发起的重要力量。群矩阵的大小取决于运营需求及团队能力，可拆分也可合并，在人手不足的情况下，将各种群功能融为一体也是可以的，比如将福利同时发布在粉丝群及会员群，就不存在建立一个福利群的做法了。

3）微信社群的运营与管理

规划好入群理由，一般是福利带路，进群后群主能提供什么价值一定要在规划内的时间节点上予以实施；群主的个人IP很重要，包括形象、定位及价值，一个群的定位价值等同于群主的个人价值；进群后的欢迎语及仪式感非常重要，要让新成员存在感"爆棚"；要特别注意活动规划，这是一个社群输出价值的核心，活动规划表要不定时发在群内，做到人尽皆知；同时要激发大家参与发言讨论，尤其是对潜水粉丝的激发。

4）微信社群辅助工具

社群运营一般由建群、吸粉、激活、管理、导流等几个关键环节组成，每个节点都非常重要。在社群建立早期可以通过人工方式进行操作，当粉丝规模达到一定程度后，就需要借助管理工具了。市面上流行的社群管理工具的功能都比较齐全，比如有入群欢迎语、群通知、群内自动答疑、群聊保存、成员管理、潜水粉丝查询、数据统计、多群管理、专属社群空间等多项功能。

从工具提供的功能中可以发现，关于社群的运营思维及流程都已经被实现了，换句话说社群运营既是流量池的搭建，同时也是工具的利用，一个善于使用工具的社群运营人员同时也理解了社群运营的核心。这里推荐社群管理管家工具给读者参考使用（官网：http：//wb.xazqdzkj.cn/）。（见图7-8）

图7-8 社群管理管家功能图示

5）微信社群的快速裂变

社群裂变分两个阶段，第一个阶段是快速填满某个群的人数，第二个阶段是快速扩充群的数量。第一个阶段，可通过建立直播快闪群来实现，建群的目的很简单，就是短期内吸引大量用户参与。快闪群往往具有明显的可领取优惠的特征，例如进群可免费领礼品、0元起拍、0元抽奖等。快闪群一般需要确定时间和活动主题，使用户充满期待感，并营造稀缺感，这样才能激发用户参与的热情。发起方可以通过个人号、公众号、其他社群、朋友圈、小程序等多平台宣传，吸引用户参与；也能以关键客户为突破口，设计裂变活动，通过裂变工具快速实现满群目标。

直播快闪群也有明显的缺点，大多数人都是因为福利入群，短期内很难形成强认知，沉淀下来的用户也不多。因此，直播快闪群适合主播或店家对直播间进行流量补仓。

从直播快闪群进入直播间的流量，通过直播这个场景得到一部分沉淀，有的甚至直接成为粉丝。引导这些粉丝进入粉丝群或者会员群，就是第二个阶段了，这个时候我们就需要对已经成长起来的粉丝进行精心维护了。

微信社群也由直播快闪群进入售后服务交流群、铁杆粉丝群、福利活动群等。售后服务交流群，顾名思义，就是品牌为客户提供服务及对话的社群，用户活跃度相对较高，并可以推动客户持续消费。售后服务交流群的存在是为了维护老粉丝关系，将他们沉淀为品牌忠诚用户。

铁杆粉丝群，将部分经常光顾直播间的粉丝请进铁杆粉丝群，将他们视为主播的发声筒，利用规范的社交福利活动，促使他们帮助主播进行直播活动预热，甚至拉人。该群的运营需要导入2B思维，默认他们的身份为代理制下的代理商，通过任务宝拉人不仅可领取奖品，还可以考虑领取现金红包。

活动福利群，主播需要不定期发放福利，维系粉丝热度。福利的发放分两种方式：第一，完全免费发放福利，在社群环境进行"宠粉活动"；第二，通过海报二维码进行游戏化发放福利，起到边发放福利边拉新的作用。这种活动同样需要应用社群管理工具。

从直播快闪群到售后服务交流群、铁杆粉丝群、福利活动群，这是一个不断升级的过程，遵循了由拉新到沉淀到转化的升级逻辑。彼此不仅是升级关系，同时存在相互增强的作用，比如，铁杆粉丝会对拉新起作用，接收福利的粉丝也能变成铁杆粉丝，通过售后服务所沉淀的粉丝同样可以协助拉新。

3. 私域流量池案例

著名主播李佳琦是如何通过微信生态搭建私域流量池的呢？

（1）李佳琦私域流量矩阵

李佳琦在微信上的私域流量构成主要是微信公众号、微信粉丝群、微信个人号。

1）微信公众号

"李佳琦Austin"这个号保持每日更新。作为"带货一姐"的薇娅，也有"薇娅惊喜社"这个公众号，其亦保持每日更新。这两个号所发送的内容基本都是直播预告和商品预告，定位非常清晰，菜单栏设置也是围绕着直播、福利、选品这些话题。这两个号可作为主播搭建私域流量池矩阵的参考模板。多关注多学习，甚至直接模仿。

2）微信粉丝群

要想加入李佳琦的粉丝群，首先得关注公众号，再添加一个微信机器人，凭借验证码进群，李佳琦私域流量转化路径见图7-9。

图7-9 李佳琦私域流量转化路径

3）微信个人号

按照目前李佳琦10万群粉丝的规模来看，一个微信号可以添加5 000人，那么李佳琦助理的个人微信号至少有20个。比如：李佳琦小助理——魅影，李佳琦小助理——花花，李佳琦小助理——包子，李佳琦小助理——菲菲等。

（2）李佳琦私域流量运营

李佳琦有完善的私域流量运营团队，分别负责公众号内容生产、社群运营、主管级个人号、李佳琦助理等。

1）微信公众号

李佳琦的微信公众号主要承担三个功能：一是聚粉，二是导流，三是预告。

聚粉沉淀：微信共有12亿用户，任何想搭建私域流量池的IP、网红都不会错过。何况他们的粉丝高度重叠，用户使用微信的频率也一定比打开淘宝直播的频率高。微信公众号承接了来自各个平台的粉丝，是一个巨大的流量池，从新榜平台监测的预估数据来看，李佳琦微信公众号粉丝数至少100万，头条阅读量几乎都超过10万，长期霸占在公众号时尚类目的TOP30。

粉丝导流：李佳琦微信公众号在聚粉的同时，也在为各个平台导流。比如李佳琦的快手、抖音、淘宝直播、淘宝店铺，其中最重要的就是导流到李佳琦的微信私域流量池。粉丝在李佳琦微信公众号中，可以找到添加粉丝群的入口，通过激活码被分配到李佳琦最新的粉丝群内。

活动预告：李佳琦几乎每天都在直播，且会在每天下午6点左右，通过微信公众号发出直播、卖货预告，基本上篇篇都有10万+的阅览量。而其内容方面也有很多小心思，比如李佳琦式的推荐话术"所有女生，买它，OMG"等，在每次发布的文章里都能看到。

2）微信粉丝群

微信粉丝群承担的功能跟我在前文提到的售后服务交流群、

铁杆粉丝群、福利活动群类似。其主要功能是聚集精准粉丝、发布活动预告、与粉丝交流及保障售后服务等。相对于直播场景，沉淀在自己微信群内的粉丝，更加精准和细分。群内有以李佳琦助理身份存在的人工客服、机器人客服等，协助其进行粉丝群运营。同时，粉丝在微信群的交流和互动，不仅能使其找到归属感，还能给其带来参与感和带动感。

3）微信个人号

李佳琦个人号主要以助理的角色进行私域流量的运营。助理微信号的头像、背景图、朋友圈内容都围绕李佳琦展开，不停地强化李佳琦的IP形象。粉丝加微信个人号，对于粉丝来说会有种潜意识的信任和安慰，对于平台来说，可以随时发起拉群、一对一私发、朋友圈发圈展示等营销活动。